Kelleter | David Bowie. 100 Seiten

* Reclam 100 Seiten *

FRANK KELLETER, geb. 1965, ist Einstein-Professor für Nordamerikanische Kultur und Kulturgeschichte am John-F.-Kennedy-Institut der Freien Universität Berlin. Zu seinen Forschungsschwerpunkten gehören Theorien der amerikanischen Moderne und die amerikanische Medien- und Populärkultur seit dem 19. Jahrhundert.

Frank Kelleter

David Bowie. 100 Seiten

RECLAM

2016 Philipp Reclam jun. Verlag GmbH,
Siemensstraße 32, 71254 Ditzingen
Umschlaggestaltung: Philipp Reclam jun. Verlag GmbH
nach einem Konzept von zero-media.net, München
Umschlagabbildung: FinePic®, München
Infografiken (S. 22 f., 70 f.): Infographics Group GmbH, München
Bildnachweis: S. 39 © John Robert Rowlands
Umschlagmaterial: Creative Print, Schabert
Druck und Bindung: EsserDruck Solutions GmbH,
Untere Sonnenstraße 5, 84030 Ergolding
Printed in Germany 2024
RECLAM ist eine eingetragene Marke
der Philipp Reclam jun. GmbH & Co. KG, Stuttgart
ISBN 978-3-15-020423-8

www.reclam.de

Für mehr Informationen zur 100-Seiten-Reihe:
www.reclam.de/100Seiten

Die Playlist zum Buch finden Sie unter
https://www.reclam.de/bowie
bzw. unter

Inhalt

Intro: »My brain hurt like a warehouse«

Meine erste Bowie-LP kaufte ich mit zwölf Jahren in einer neonerleuchteten Fußgängerunterführung, die »Passage« hieß, in Wirklichkeit aber ein gekachelter Tunnel mit garagenhaft aufgereihten Einzelhandelsgeschäften war. In den Plattenladen ging ich, nicht um Musik zu hören, sondern um mir verheißungsvolle Objekte anzuschauen. Ich besaß zu diesem Zeitpunkt überhaupt erst zwei Langspielplatten: die blaue Beatles-Compilation (*1967–1970*), die mir bedeutsam erschien, obwohl ich sie in weiten Teilen nicht verstand (ein Geschenk irgendwelcher Verwandter), sowie *Desolation Boulevard* von The Sweet, wenige Wochen zuvor vom eigenen Taschengeld gekauft. Musik kannte ich vor allem aus dem Radio, ein wenig aus dem Fernsehen, ansonsten aus Schulhofgesprächen mit Freunden, die über größere Brüder und somit Zugang zu einem geheimnisvollen Wissen um Stile und Namen verfügten. »Schnelligkeit« galt uns als wichtiges musikalisches Qualitätsmerkmal, auch wenn wir von Punk noch nichts gehört hatten. So auch war ich auf The Sweet gekommen: ein Freund besaß eine Single, die »Action« hieß, und den Personen auf dem Cover von *Desolation Boulevard* traute ich zu, dass sie schnelle Musik spielten (was sich nur bedingt bewahrheitete, aber bald egal war).

Ich weiß nicht mehr, wie ich von hier aus zu David Bowie gelangt bin, der sich zu The Sweet ja etwa so verhält wie die Beatles zu den Monkees. Ich glaube, schon der Name BOWIE klang mir nach rätselhafter Eleganz, wie das Losungswort zu einem exklusiven, dabei wenig angeberischen, irgendwie klaren Reich des Sehens und Hörens. DAVID BOWIE – auch im Schriftbild unterschied sich das von den schwierigen lateinischen Bandnamen, die die Brüder meiner Freunde kannten. Fast alle Bowie-Fotos zeigten eine scharf konturierte Gestalt, die zwar immer anders aussah, doch jedes Mal wie ein bizarrer Gegenentwurf zur bärtigen Sperrigkeit von Jethro Tull, Uriah Heep oder Pink Floyd (einem weiteren Mysterium jener Jahre, bald entzaubert).

1977 müssen auch schon *Low* und *"Heroes"* im Plattenladen zu sehen gewesen sein, mit ihren ungewöhnlich simplen Covern, aber ich entschied mich für die fünf Jahre ältere LP *The Rise and Fall of Ziggy Stardust and the Spiders from Mars*. Das Konzept der Neuerscheinung war in den 1970ern ohnehin schwach ausgeprägt – man sah bei jedem Ladenbesuch dieselben Namen, Titel und Bilder. Weil man die dazugehörige Musik eigentlich nur nach Kauf hören konnte, blieb fast alles immer neu.

The Rise and Fall of Ziggy Stardust and the Spiders from Mars: Neben dem irrwitzig langen Titel, der eher schrill als prätentiös klang – das war nicht *The Lamb Lies Down on Broadway*! – beeindruckte mich vor allem das Front Cover. Es handelte sich um ein handkoloriertes Schwarz-Weiß-Foto: Eine städtische Nachtszene, deren künstliche Farben dem Motiv etwas Unwirkliches und doch sehr Präsentes gaben. Noch heute kann ich kaum durch nächtliche Straßen laufen, ohne bei regenrotem Backstein, gelb erleuchteten Fenstern oder in

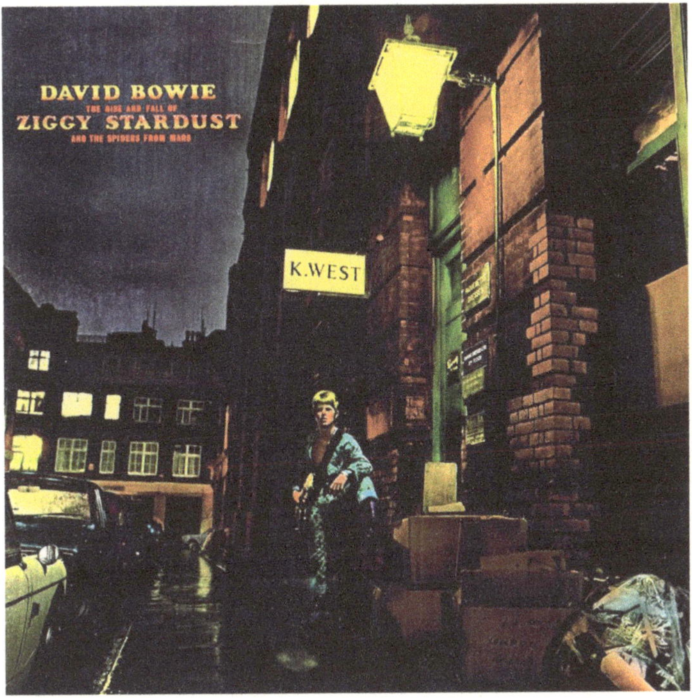

Cover der David-Bowie-LP *The Rise and Fall of Ziggy Stardust and the Spiders from Mars* (RCA).

Treppenaufgängen gestapelten Müllsäcken an das mysteriöse K. WEST-Schild von *Ziggy Stardust* zu denken. Als Zwölfjähriger muss mich an diesem Bild fasziniert haben, was ich sehr bald – wohl schon beim ersten Hören der Platte – als ein Grundmoment der Popkunst des jungen David Bowie begriff: das Aufscheinen einer zweiten, unerwartet glanzvollen Wirklichkeit inmitten schmutziger Alltagsszenerien. Der Begriff »Glam Rock« leuchtete mir für Bowies Stil sofort ein, weil mit Glamour hier offenkundig nicht das Saubere und Vornehme gemeint war, sondern das Schäbige und Heruntergekommene, das ungeahnt schön zu schillern beginnt.

Erst später wurde mir klar, dass sich das Glitzern und Funkeln dieser Jahre dem realen Industriegrau einer sehr englischen Nachkriegstristesse verdankte. (David Jones verbrachte seine Kindheit und Jugend in engen Vorstadt-Reihenhäusern, bevor er zu David Bowie wurde.) Aber das war nicht weit entfernt von den Asphaltwiesen und elenden Sonntagen der autofreundlichen Mittelstadt, in der ich aufwuchs. Bowie-Songs kamen mir über Jahre hinweg vor allem beim Warten an der Bushaltestelle vor dem großen Karstadt-Haus in den Sinn, den Blick ahnungsvoll auf die umliegenden Waschbetonfassaden gerichtet. »Then you jump back down to the rooftops / Look out over the town / Think about all of the strange things circulating round« (»It Ain't Easy«, *Ziggy Stardust*, 1972). Schließlich ließ ich mir von einer Tante ein gelbes Langenscheidt-Taschenwörterbuch schenken und begann langsam nachzuvollziehen, was ich da im Kopf mitsang.

»Hey, that's far out, so you heard him too«: Bowies Theorie der Medien

> »Manche sagen, Bowie sei nur Oberflächenstil und Ideen aus zweiter Hand, aber für mich klingt das wie eine Definition von Pop.«
> Brian Eno

Auf dem Cover von *Ziggy Stardust* ist der Nachthimmel über London grau und verregnet. »It was cold and it rained / so I felt like an actor«, singt Bowie in »Five Years«, dem ersten Song des Albums. Wer sich in solchen Nächten aus dem Haus traut, kann eine staunenswert fremde Welt vorfinden.

So auch hier: Das Cover präsentiert die unwirtliche urbane Straßenszene als perfekten Landeplatz für jenseitige Heimsuchungen. »Five Years« handelt vom Vergehen sämtlicher Zukunft – der Nachrichtensprecher im Fernsehen verkündet, dass die Erde nur noch fünf Jahre zu existieren habe –, doch die Zwangsläufigkeit dieses Endspiels schärft alle Lebenssinne. Wie kein zweites Album David Bowies handelt *Ziggy Stardust* vom Rausch junger Körper, die sich unter denkbar ungünstigen Bedingungen begegnen und berühren, in hoffnungslos erwachsenen, trostlos verbrauchten Umwelten. »I'll kiss you in the rain«, heißt es reale fünf Jahre später auf einem Song des Albums *"Heroes"* (1977, »Blackout«), im diesmal sehr echten Betongrau der Mauerstadt Berlin, die bei Bowie zwar keine außerirdischen Besucher mehr erwartet, aber dennoch und weiterhin das vergängliche Heldentum jugendlicher Liebe herausfordert. Erst am Ende des Jahrzehnts, im elektrisch wabernden Videoclip zu »Ashes to Ashes« (*Scary Monsters … and Super Creeps*, 1980), wo sogar der Taghimmel pechschwarz geworden ist, tauscht keiner mehr einen Kuss aus. Der Clip zeigt noch falschere Farben als die Umschlagbilder von Bowies frühen Alben; die Wahrheit jugendlicher Parallelwelten scheint hier endgültig der Vergangenheit anzugehören.

Aber *The Rise and Fall of Ziggy Stardust and the Spiders from Mars* handelt noch mit jedem Ton, jedem Blick, jeder Bewegung von unabweislicher Präsenz. »TO BE PLAYED AT MAXIMUM VOLUME« fordert das Backcover, als ob man einen solchen Hinweis nötig habe nach dem Anblick David Bowies im fahlen Kunstlicht der menschenleeren Straße. Wie ein Eroberer von einem anderen Stern posiert er im allzu irdischen Hauseingang, mit grandioser Selbstverständlichkeit, die elektrische Gitarre (die er auf dem Album gar nicht spielt) wie eine Waffe auf der Hüfte abgelegt, das linke Bein lässig auf ein hohes Geländer gestützt. Ungewöhnlich wenig Raum nimmt dieser Sänger auf seinem Albumcover ein – seine Figur reicht nicht einmal bis zur Mitte des Bildes –, aber der blaue Overall, die lilafarbenen Stiefel, die trotz Regens entblößte Brust und das gelb leuchtende Haar dominieren anstrengungslos die Szene. Wir sehen eine Figur, die verspricht, den Himmel auf Erden zu bringen. *The Man Who Fell to Earth* heißt auch Bowies

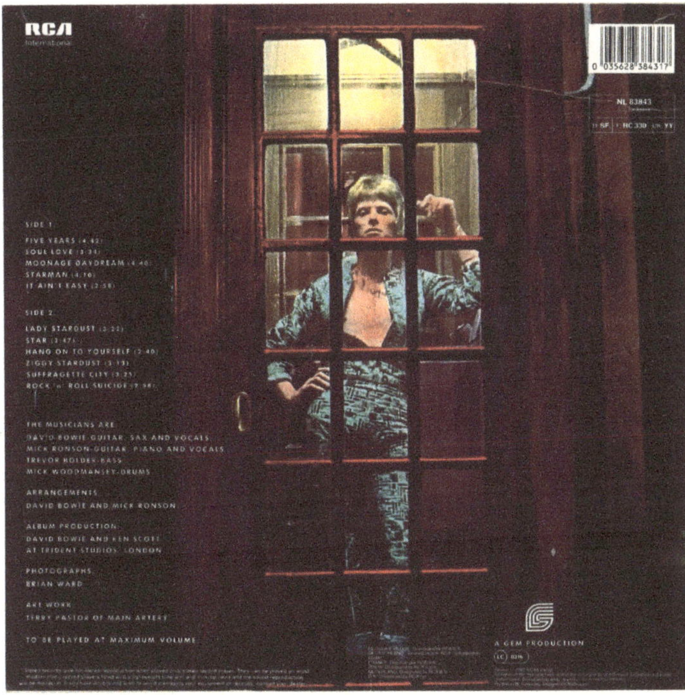

Coverrückseite der David-Bowie-LP *The Rise and Fall of Ziggy Stardust and the Spiders from Mars* (RCA).

bester Film, drei Jahre später von Nicolas Roeg in folgenreicher Aneignung der Bowieschen Weltall-Mythologie inszeniert.

Dass es sich bei dem Wesen auf dem *Ziggy Stardust*-Umschlagbild tatsächlich – zumindest teilweise – um einen Mann handelt, macht das Backcover deutlich, das Bowie im identischen Outfit in einer Telefonzelle zeigt. Beiläufig und doch prominent zeichnen sich seine Genitalien im Schritt des Overalls ab – ein Bild der Virilität, das freilich durch Bowies feminin anmutende Pose durchkreuzt wird: eine Hand angewinkelt in der Hüfte, die andere mit schlaffen Fingern auf Augenhöhe schwebend. Solch aufreizende Inkongruenz könnte stricherhaft wirken, doch Bowies Blick, mit angehobenem Kinn, leicht herabgezogenen Mundwinkeln und blasiert gesenkten Augenlidern ist bereits für einen kurzen Moment lang punk. (Die bekannteren Ziggy-Inkarnationen mit rotgefärbter Föhnfrisur und flamboyanten Kimonos entstanden erst 1973 im Lauf der fortgesetzten Bühnenshows, die auch von Sid Vicious besucht wurden.)

Nicht nur der Sänger, auch seine Musik ist verkleidet, getarnt, kostümiert. In Interviews der frühen 1970er erklärte Bowie gerne, dass es an der Zeit sei, »Rock« aufzutakeln wie eine glamouröse Drag Queen. In Anspielung auf Andy Warhol, dem er auf *Hunky Dory* (1971) einen großartigen Song widmete, wünschte sich Bowie zu Beginn seiner Karriere »mehr schamlose Prostitution im Business«. *Ziggy Stardust* setzt das um. Dreist gibt die Platte vor, ein echtes Rockalbum zu sein, ja, ein »Konzeptalbum« sogar: ein zusammenhängendes, eigentlich narratives Werk, das dann aber merkwürdigerweise aus einer Ansammlung dreiminütiger Popsongs besteht, die erst nachträglich – in Bowies Gespräch mit dem Schriftsteller William Burroughs, 1973 in London – eine nacherzählbare Handlung mit Haupt- und Nebenfiguren erhalten.

Tatsächlich war *Ziggy Stardust* nie als thematischer Zyklus geplant, sondern wandelte sich erst auf dem Weg rückschauender (Selbst-)Beschreibungen dazu. »Starman«, ein scheinbar zentraler Song, wurde in buchstäblich letzter Minute nachgeliefert, als die Plattenfirma RCA nach einer Hitsingle verlangte; »All the Young Dudes«, eine der besten Kompositionen Bowies, mit klaren motivischen Bezügen zum Ziggy-Repertoire, wurde an Ian Hunters und Mick Ronsons Band Mott the Hoople weitergereicht. Ein Blick auf die verbleibenden Songtitel des Albums lässt ahnen, wie stark hier die Logik serienästhetischer Variation – statt werkästhetischer Abgeschlossenheit und Integration – waltet. Vier der elf Stücke wiederholen dasselbe Reizwort: »Starman«, »Lady Stardust«, »Star«, »Ziggy Stardust«; hinzu kommt das thematisch verwandte »Moonage Daydream«. Pop also, der sich als Rock verkauft: ein unverschämt kommerzielles Format im Fummel authentischer Oppositionskultur.

Parodistisch gemeint ist das zu keinem Moment, so wie Bowie, der Wandlungskünstler, ohnehin zu Beginn seiner Karriere noch wenig Talent zu Satire und Karikatur besitzt. Auch auf *Ziggy Stardust* nimmt er seine Verkleidungen bis zur Selbstaufgabe ernst, egal wie übertrieben, egal wie weit hergeholt sie sind. So entstehen aparte Paradoxien: Profitorientierte Plünderung übersetzt sich in eine hochgradig stilisierte Aufführung, die gerade aufgrund ihrer Künstlichkeit echte emotionale Erschütterungen bereithält. Oder wie es im Song »Andy Warhol« heißt: »Dress my friends up just for show / See them as they really are.«

Schon das erste Lied von *Ziggy Stardust*, »Five Years«, zeigt, dass dies kein Rockalbum im »progressiven« Sinn der Zeit ist. Der Song beginnt mit der langsamen Einblendung einer isolierten, eigenartigen Perkussionsfigur: Drummer Woody Woodmansey spielt einen stockenden Herzschlag, der rhythmisch und arhythmisch zugleich klingt, den gesamten Track durchhält und am Ende, nach der dramatischen Auftürmung immer weiterer, theatralisch sich überbietender Instrumente, allein zurückbleibt, bis er langsam wieder im Nichts verschwindet. Doch nur für den Bruchteil einer Sekunde: Das nächste Stück, »Soul Love«, beginnt sogleich mit zwei abrupten Hi-Hat-Schlägen und einem weiteren markanten Drum-Intro (inklusive Congas und Händeklatschen), gefolgt vom satten Klang von Bowies zwölfsaitiger Akustikgitarre. Im Arrangement bewegen wir uns hier noch auf dem Terrain des Orchester-Folk von *Hunky Dory*. Erst das dritte Stück von *Ziggy Stardust*, »Moonage Daydream«, beginnt eindrucksvoll und einigermaßen überraschend mit Mick Ronsons schwerer E-Gitarre, die auf den folgenden Bühnenshows zum Markenzeichen der Ziggy-Welt wird. In der Albumversion des Songs weicht Ronsons Lärm aber prompt wieder Bowies Akustikgitarre, um dann im Refrain umso effektvollere elektrische Akzente zu setzen.

Verschwenderisch und zielsicher schichten die Songs von *Ziggy Stardust* alle möglichen musikalischen Bausteine aufeinander, verweben Zitate und Versatzstücke verschiedenster Stilrichtungen in einer erstaunlich stimmigen Pop-Textur. Der Star dieser überreizten Aufführung – das Element, das alle anderen aufeinander bezieht und auf sich ausrichtet – ist Bowies Stimme. Unterstützt von einigen der seltsamsten Lyrics der populären Liedgeschichte präsentiert diese Stimme übergroße emotionale Gesten. In der demonstrativ jugendlichen Sphäre hoher Kopftöne angesiedelt, bewegt sie sich in »Five Years« vom ruhigen Konversationsduktus der Eingangszeilen – »Pushing through the market square / So many mothers sighing« – zur grellen Verzweiflung der finalen Ausrufe, abstrus wohlklingend von orchestralen Crescendi und operettenhaften Chorfragmenten unterlegt: »Five Years! … Five Years! … Five Years!«

Ähnlich auch endet das Album: Der letzte Titel, »Rock'n'-

Roll Suicide« (komplett frei von Rock'n'Roll), steigert sich vom müden Existenzialismus einer Jacques-Brel-inspirierten Chanson-Eröffnung (»Time takes a cigarette / Puts it in your mouth«) zur wiederholten Ekstase von »Give me your hands!«. Als gellenden Klageruf schreit Bowie die letzten Worte hinaus, bevor das Album nach momentaner Stille mit einem einzigen, tiefen Cellostrich endet.

The Rise and Fall of Ziggy Stardust and the Spiders from Mars erzählt keine fortlaufende oder irgendwie rekonstruierbare Geschichte. Stattdessen kreist das Album so lange um wiederkehrende Stimmen und Stimmungen, bis ein eigener, unverwechselbarer emotionaler Raum entsteht: eine Welt *für* Geschichten. Seit jeher lag der Zauber großer Popmusik in der rätselhaften Kluft zwischen immenser Erfahrungsdichte und geringem zeitlichen Aufwand. Kaum zu glauben, dass »Five Years« in nicht einmal fünf Minuten eine ganze Welt ins Leben ruft und untergehen lässt; kaum zu fassen, dass *The Rise and Fall of Ziggy Stardust* keine 40 Minuten dauert. Wir haben es mit hochkomprimierten Universen aus Klängen, Bildern, Bewegungen und Worten zu tun, die sich weit über den Anlass ihrer Aufführung hinaus auf immer weitere Wahrnehmungsräume erstrecken. In Bowies Fall betrifft das auch die Fortsetzung des eigenen künstlerischen Schaffens.

Ein Motiv zieht sich dabei wie ein roter Faden durch seine Lieder, und das nicht erst seit *Ziggy Stardust*, dort aber besonders prägnant: das Motiv einer alternativen Medialität. Gleich mehrere Songs auf *Ziggy Stardust* handeln von merkwürdigen Botschaften, die sich auf alltäglichen Empfangsapparaten abzeichnen (Fernsehen, Radio, Telefon, Konzertaufführung). Man schaut sich die Abendnachrichten an und merkt, dass sie vom Ende der Welt handeln. Vielleicht ist man aber auch der

Einzige, dem auffällt, dass der Nachrichtensprecher in Tränen ausbricht. Eigentlich klingt das nach Rauschmittelgenuss, denn was bewirkt die Droge anderes als den tiefgreifenden Umbau individueller Weltwahrnehmung? In den frühen 1970ern lag natürlich die Vermutung nahe, dass sich im Schwinden der Sinne eine Wahrheit offenbaren könnte – auch wenn Velvet Undergrounds »Heroin« (1967) und John Lennons »Cold Turkey« (1969) bereits brutalere Deutungen für das angeboten hatten, was sich an der Schnittstelle von Körper und Stoff abspielt.

Doch Bowies frühe Visionen einer gesteigerten Welterfahrung sind fast ausnahmslos auf Alltags- und Unterhaltungsmedien ausgerichtet – und dabei keinesfalls auf die zeitgleich überall geschätzten Konzentrationseffekte des bekifften Blickes mit seiner akademischen Verlangsamung, sondern auf adrenalinintensive Höhenflüge im Anschluss an eigentlich ganz gewöhnliche Übertragungsvorgänge. In »Starman« hört sich ein Teenager eine Rock'n'Roll-Sendung im Radio an und vernimmt plötzlich eine komplett andere, buchstäblich außerweltliche Musik (»That weren't no DJ / That was hazy cosmic jive«). Das Ergebnis ist der Griff zum Telefon und der Start einer alternativen Medienkette unter Gleichaltrigen:

> I had to phone someone
> So I picked on you
> Hey, that's far out, so you heard him too!
> Switch on the TV
> We may pick him up on channel two.*

Die Droge, die hier zwischen Ich und Außenwelt vermittelt, ist offenbar die Adoleszenz selbst, jener große psychochemi-

*

»Ich musste mit jemandem sprechen, deshalb rief ich dich an. Hey, das ist abgefahren, du hast ihn also auch gehört! Schalt den Fernseher ein, vielleicht können wir ihn auf Kanal 2 empfangen.«

sche Umbau von Körper und Geist. Deshalb auch ist jugendliche Sexualität bei Bowie wesensmäßig *queer*: nicht als biologisches Schicksal (sein Coming Out gegenüber dem *Melody Maker* erschien Michael Watts schon 1972 vielsagend inszeniert), sondern als Drang nach Vernetzung und Kontaktaufnahme unter Ähnlichen. Das Backcover-Portrait einer unwirklich schönen, geschlechtsübergreifenden Gestalt in der gespensterhaft erleuchteten Telefonzelle gehört ebenso in diesen Kontext wie die ästhetische Verbindung radikaler Künstlichkeit mit tiefempfunder Gefühlsemphase – eine Mischung, die von Mat Snow als ein Basiselement aller pubertären Welterfahrung identifiziert wurde (»the heartfelt artifice«).

Ein zentraler Song in diesem Zusammenhang ist »Life on Mars?« von 1971 – das Lied, das Wilfrid Mellers wahrscheinlich als Erster als »Bowies ›My Way‹« bezeichnet hat. (Tatsächlich steht auf dem *Hunky Dory*-Backcover neben dem Songtitel: »Inspired by Frankie.« Das ist jedoch eine zweischneidige Hommage, denn Bowie schrieb den Song, nachdem sein englischer Textvorschlag für »Comme d'habitude« – die Vorlage für Sinatras »My Way« – von Paul Ankas Lyrics aus dem Feld geschlagen wurde.) »Life on Mars?« ist eines der außergewöhnlichsten Lieder des 20. Jahrhunderts, eine haltlos bewegende Hymne auf das jugendliche Gefühl absoluter Fremdheit in der Welt. Textlich – wenn auch nicht musikalisch – sind wir hier Galaxien entfernt vom entspannten Triumphalismus von

»My Way«. Das beginnt damit, dass die Hauptfigur des Liedes ein Mädchen ist, jedoch nicht als Objekt männlicher Blicke. Bowie präsentiert uns keine Peggy Sue, keine Liza Jane. Stattdessen begegnen wir einer schmucklosen Erscheinung mit mausgrauem Haar, die gleichwohl ein Drama kosmischen Ausmaßes durchlebt, als leibhaftige Verkörperung adoleszenter Verlorenheit. Von den Eltern unverstanden, vom Freund versetzt, flieht sie in ein Kino, in dem offenbar ein Hollywood-Musical läuft. Während sich die anderen Zuschauer in einem unterhaltsamen Film glauben, erblickt sie den Irrsinn einer Welt, die sich von der eigenen Ordnung und Gesundheit erzählt:

Sailors fighting in the dance hall
Oh man! Look at those cavemen go
It's the freakiest show
Take a look at the lawman
Beating up the wrong guy
Oh man! Wonder if he'll ever know
He's in the best selling show.

Wie einen wiederkehrenden Schlag empfängt Bowies Teenager die monumentale Langeweile von Unterhaltungsprodukten, denen sich der Song stellenweise selbst zuzurechnen scheint (»But the film is a saddening bore / 'Cause I wrote it ten times or more / It's about to be writ again / As I ask her to focus on / Sailors fighting in the dance hall«). In der finalen Steigerung des steigerungsintensiven Refrains schwingt sich alles zur Frage auf, ob es wohl Leben, wenn schon nicht auf der Erde, so doch auf dem Mars gibt:

Oh man! Wonder if he'll ever know
He's in the best selling show
Is there life on Mars?

Damit betritt »Life on Mars?« eine Sphäre medialer Erfahrung, die mehrfach – atmosphärisch, geschlechtlich, astronomisch – am entgegengesetzten Ende herrschender Unterhaltungsindustrie-Normen angesiedelt ist. Können Mädchen fühlen? Gibt es Leben auf dem Mars? Wer sich im Rock'n'Roll das eine vorstellen kann, wird auch auf das andere hoffen wollen. Das Ergebnis ist Pop als glanzvoll authentische Inauthentizität: eine Kommunikationsform unter Fremden auf Erden, die andernfalls nichts voneinander wüssten. Der letzte vernehmbare Ton auf der Orginalfassung von »Life on Mars?« – nach einem mehrfach verebbenden Höhepunkt, einem paradox sich auftürmenden Abbau, der einem die Tränen in die Augen treiben könnte, sofern man sich an die eigene Jugend erinnert (oder wenigstens an Kubricks *2001: Odyssee im Weltraum*, dessen »Also sprach Zarathustra«-Soundtrack hier ebenfalls anklingt) – ist das Läuten eines Telefons.

Mit der Frage nach außerirdischem Leben ist das Thema benannt, das zahlreiche Liedtexte Bowies im Kern bestimmt. Bowies erster Hit, »Space Oddity« (*David Bowie*, 1969), erschien im Jahr der Mondlandung. Das Bild, das der Song von der Raumfahrt zeichnete, war zu diesem Zeitpunkt wahrlich sonderbar: eine »oddity« im Wortsinn, eine Merkwürdigkeit, die als solche markiert aber auch an zahlreiche querdenkerische Weltall-Szenarien der zeitgenössischen Populärkultur anschloss, besonders natürlich Kubricks *2001*.

Dank des aktuellen Themas und des Einsatzes eines Stylophons wurde das Lied zunächst als Gimmick in der Tradition von Novelty Songs wie Anthony Newleys »That Noise« (1962) verstanden. Aufgrund der lyrischen Präzision einzelner Zeilen und Bowies kalkulierter Selbstpräsentation als »Singer-Songwriter« erkannten einige Kommentatoren aber bald auch eine Verbindung zu Bob Dylan. Seitens Bowies war das eine gewünschte, auf seinen ersten Alben bewusst forcierte Positionierung, die 1971 im unentschlossenen »Song for Bob Dylan« ihren Höhepunkt fand, dem schwächsten von drei Hommage-Liedern auf *Hunky Dory* (vier, wenn man »Life on Mars?« als Sinatra-Pastiche dazuzählt; die anderen sind »Andy Warhol« und die Velvet-Underground-Huldigung »Queen Bitch«).

Man darf davon ausgehen, dass Bowie – früher als andere – in Dylan die mediale Kunstfigur erkannte und schätzte: den Popstar und die »painted lady« (»Song for Bob Dylan«), deren Authentizitätseffekte und Repräsentationsansprüche stets auch aus elektronischer Verstärkung, publikumsgerichteter Kostümierung und geschicktem Grafikdesign erwuchsen. Die deutlichste Querverbindung zwischen Bowies Dylan-Referenzen und »Space Oddity« tut sich entsprechend in der Frage nach der Materialität entrückter Celebrities auf; davon abgesehen entsagt »Space Oddity« jedem wie auch immer gebrochenen Verkündungspathos des Singer-Songwriters. Natürlich versuchte Dylan selbst fortwährend, diese Rolle abzulegen – durch Feedbacklärm, diverse Konversionen, Impersonationen, Werbespots, Weihnachtsalben und gehörig Bühnenschminke –, wurde jedoch beharrlich auf sie zurückverwiesen, unter anderem von Würdigungen wie Bowies »Song for Bob Dylan«.

Fünf Jahre nach Dylans Lossagungsparole »I ain't gonna work on Maggie's farm no more« behandelt »Space Oddity« dann in poppiger Zuspitzung ausgerechnet die Weltraumfahrt als das ultimative Wunschbild einer eigentlich unmöglichen Öffentlichkeitsflucht. Zwar bleibt Bowies Astronaut Major Tom zunächst sogar in der abgeschiedenen Einsamkeit des Alls an die Anweisungen der Bodenkontrolle rückgebunden (»Ground Control« erinnert ihn an seine Proteintabletten und fordert ihn auf, eine bestimmte Hemdmarke zu bewerben: »the papers want to know whose shirt you wear«). Doch dann geschieht das Wunderbare und Major Tom, »stepping through the door«, setzt sich von allen irdischen Belangen ab:

> Though I'm past one hundred thousand miles
> I'm feeling very still
> And I think my spaceship knows which way to go
> Tell my wife I love her very much, she knows.

Das Bild eines allein ins Nichts davonschwebenden Astronauten ist das genaue Gegenteil der zielgerichteten Leistungsmythologie der NASA, so wie sie 1969 auf allen Kanälen beworben wurde. Überdeutlich ruft dieses Szenario die unbelebten Räume von *2001* vor Augen: So wie sich bei Kubrick die gesamte Geschichte humaner Weltbeherrschungstechnologien im fernen Abdriften eines einzelnen Menschen zuspitzt (der bei Kubrick auch noch Dave Bowman heißt), so beschreibt »Space Oddity« die Sternenfahrt als zutiefst anti-kollektivistischen, letztlich sogar individuell ungesteuerten Selbstentzug: »Planet Earth is blue / And there's nothing I can do.«

Im Anschluss an Hippie-Mythologien lagen für beide Texte allegorische Lektüren sofort nahe; manch ein Zuschauer und Hörer erkannte die suizidale Dialektik einer diffusen, irgendwie fremdinduzierten Bewusstseinserweiterung. »I'm floating in a most peculiar way«, singt Major Tom, »And the stars look very different today.« Elf Jahre später legte Bowie selbst eine pharmazeutische Deutung dieses Höhenflugs vor, freilich im Duktus furchtbarer Ernüchterung. Auf die eigenen Drogenexzesse der Mittsiebziger zurückblickend, sang er auf *Scary Monsters* (im Song »Ashes to Ashes«): »Ashes to ashes, funk to funky / We know Major Tom's a junky / Strung out in heaven's high / Hitting an all-time low.«*

* »Asche zu Asche, vom Funk zur Todesangst. Alle wissen, dass Major Tom ein Junkie ist, süchtig im himmlischen Hoch, zertrümmert im Allzeittief.«

In Wirklichkeit stürzte Bowies Sternenreisender aber schon lange vor 1980 auf die Erde zurück. Denn eigentlich erzählt schon »Starman« von Major Toms Heimkehr, allerdings in der verklärten Gestalt eines Pop-Messias, der wie Kubricks Sternenkind am Ende von *2001* der Menschheit zu einer neuen Inkarnation – oder wenigstens zu besseren Tanzschritten – verhilft (»He told me, ›Let the children lose it, / Let the children use it, / Let all the children boogie‹«).

Solche Transzendenzszenarien sind in der Popkultur nicht unbedingt beim Wort zu nehmen, vor allem dann nicht, wenn sie sich philosophisch herleiten. Seit »The Supermen« (*The Man Who Sold the World*, 1970) hatte Bowie in Songtexten und Interviews wiederholt auf Friedrich Nietzsche verwiesen – was dann zu der kuriosen Situation führte, dass auf dem Hitsong »Oh! You Pretty Things« (1971) Zeilen wie »You gotta make way for the Homo Superior« zu hören waren. Der Messianismus von *Hunky Dory* und *Ziggy Stardust* ist oft kommentiert worden, auch als Wegbereiter für Bowies späteren sogenannten Flirt mit Nazi-Ikonografien. Doch bei näherem

Hinsehen ist der Topos vom Übermenschen in der britischen Popkultur der 1970er Jahre allgegenwärtig – und leitet sich dort, wie Nicholas Pegg anmerkt, weniger aus einer Lektüre Nietzsches als aus Arthur C. Clarkes Roman *Childhood's End* (1953) ab, einem Vorläufer von Clarkes *2001*-Kollaboration und einem Lieblingstext des Prog-Rock (mit Bearbeitungen von Pink Floyd, Genesis, Led Zeppelin und anderen). In ähnlicher Weise sollte sich in Bowies Thin-White-Duke-Verkörperung zur Mitte des Jahrzehnts der zeitgenössisch sexualisierte Nazi-Chic von Filmen wie Liliana Cavanis *Der Nachtportier* (1974) und Luchino Viscontis *Die Verdammten* (1969) spiegeln.

Alles in allem behandelte Bowie die Texte Nietzsches ebenso wie die okkulten Schriften Aleister Crowleys oder die Songs Elvis Presleys als narrative Inszenierungen, deren Überzeugungskraft stärker von der Intensität ihrer Aufführung abhing als von irgendeiner inneren argumentativen Logik. Bowies berüchtigte Charakterisierung Hitlers als Popstar – die 1975 vor allem eine Aussage John Lennons zu Jesus Christus überbieten sollte und ihrerseits Sid Vicious' Sex-Pistols-Auftritte im Hakenkreuz-T-Shirt vorbereitete – gehört in denselben Zusammenhang. In »Quicksand« (*Hunky Dory*) heißt es eben nicht nur: »[I'm] just a mortal with potential of a superman / I'm living on«, sondern auch:

* »Bardo« (auch als »Bardot« hörbar) ist im Buddhismus der Oberbegriff für eine Folge von Bewusstseinszuständen.

Can't take my eyes from the great salvation of bullshit faith
If I don't explain what you ought to know
You can tell me about it on the next bardo*
I'm sinking in the quicksand of my thought.

Angesichts Bowies immer feiner werdenden Gespürs für die Bedeutungsvielfalt des Wortes *star* bietet es sich an, die (häufig namentliche) Nennung von Celebrities in seinen Songs im Verbund mit messianischer Weltall-Metaphorik als Ausdruck einer einigermaßen kohärenten Medien(selbst)reflexion zu sehen. Wie in »Space Oddity« dreht sich dabei alles um das Wechselverhältnis zwischen inszenierten Körperrealitäten und realkörperlichen Entrückungsgefühlen. Ein Song wie »Oh! You Pretty Things« beschreibt »the start of a coming race« in diesem Sinn recht deutlich als Ablösungskampf zwischen zwei Generationen, die sich vor allem darin unterscheiden, wie sie Filme schauen, Radio hören, Kleider tragen usw. (»Oh you pretty things / Don't you know you're driving your / Mamas and papas insane?«). »Starman« wiederum stellt laut Chris O'Leary jene amerikanischen Hippie-Musicals vom Kopf auf die Füße, die den Heiland als Rocksänger präsentieren (*Godspell*, 1970; *Jesus Christ Superstar*, 1971). Eine Verkitschung echter Spiritualität wird hierin nur erkennen, wer an Transzendenz ohne Alltagsmedien glaubt. Was »Starman« besingt, ist medienlogisch nämlich nichts anderes als das überraschende Auftauchen einer Stimme, die die Existenzen isolierter Hörer schlagartig erhellt und miteinander in Kontakt setzt. Als designierter Hit des Albums handelt »Starman« somit von seinem eigenen Airplay: von der spezifischen Medialität des Drei-Minuten-Songs als *Radiolied*, das unaufgefordert, ungesucht, unerwartet im eigenen Zimmer auftaucht und den unsicheren Innenraum für einen kurzen Moment festigt.

Zahlreiche Bowie-Inszenierungen folgen diesem Transmissions-Gedanken, bis hin zum späten Videoclip »Where Are We Now?« (2013), der unangekündigt und kommentarlos am Morgen seines 66. Geburtstags nach sieben Jahren fast absoluter Funkstille im Internet einfach *auftauchte*. Auch Bowies Vorliebe für akustische Fade-Ins und Fade-Outs lässt sich hier verorten. Das zugrundeliegende Kunstverständnis ist offenbar keinem kanonischen Materialarchiv, sondern einem prozesshaften Archiv kreativer Praktiken verpflichtet. Nicht um das Suchen, Finden und Besitzen von Musik geht es hier (legendär verkörpert in den Jugendlichen Keith Richards und Mick Jagger, die in Dartford, Kent, seltene Blues-Singles auftreiben und sich gegenseitig vorspielen), sondern um musikalische Serialisierungen ohne angestrebtes Ziel und Ende. Einige von Bowies Songtiteln lesen sich über die Jahrzehnte hinweg wie kombinatorische Mutationen ihrer selbst: »The Prettiest Star«, »Oh! You Pretty Things«, »Sweet Thing«, »Shining Star«, »The Pretty Things Are Going to Hell«, »New Killer Star«, »The Stars (Are Out Tonight)«, »Blackstar« usw.

»Starman« selbst wiederum trat als wilde Collage aller möglichen zeitgenössischen Hits und Standards auf, von »You Keep Me Hanging On« (The Supremes) über »Hot Love« (T. Rex) bis hin zu Judy Garlands »Somewhere Over the Rainbow«, das Bowie im August 1972 im Londoner Rainbow Theatre ungeniert anstelle des Refrains intonierte. Pop statt Rock, Sendung statt Werk, Broadcast statt Bibliothek: Wohl deshalb auch betonte Bowie 1972, dass er das Fernsehen dem Kino vorziehe. Als nächstes Kunstprojekt, erzählte er Burroughs, würde er gern eine TV-Station gründen. »Oh man, I need TV when I got T. Rex«, heißt es in »All the Young Dudes«. Und in »Five Years«: »I heard telephones, opera house, favourite melodies, / I saw boys, toys, electric irons and TVs.«

Hey, that's far out, so you heard him too!

1947 – David Robert Jones wird am 8. Januar 1947 in Brixton, London, geboren

1964 – Tritt mit verschiedenen Bands (The King Bees, The Manish Boys, The Lower Third) als Davie/Davy Jones auf

1965 – Nimmt den Künstlernamen David Bowie an

1967 – Auftritt in Michael Armstrongs Kurzfilm *The Image*

Debütalbum *David Bowie* (Deram Records) floppt

Die Jahre 1947–1979 — David Bowie

4. *Pin-Ups*

Produziert *Raw Power* für die Stooges

1974 – Eigenproduktion von *Diamond Dogs* (RCA Records)

Coco Schwab wird persönliche Assistentin

1975 – Trennt sich von Manager Tony DeFries

Zieht nach Los Angeles

Auftritte im amerikanischen Fernsehen

Young Americans (RCA Records), gemeinsam produziert mit Tony Visconti und Harry Maslin

1976 – Bezieht mit Iggy Pop und Coco Schwab eine Wohnung in Berlin

Hauptrolle in Nicolas Roegs *The Man Who Fell to Earth*

Station to Station (RCA Records), produziert mit Maslin

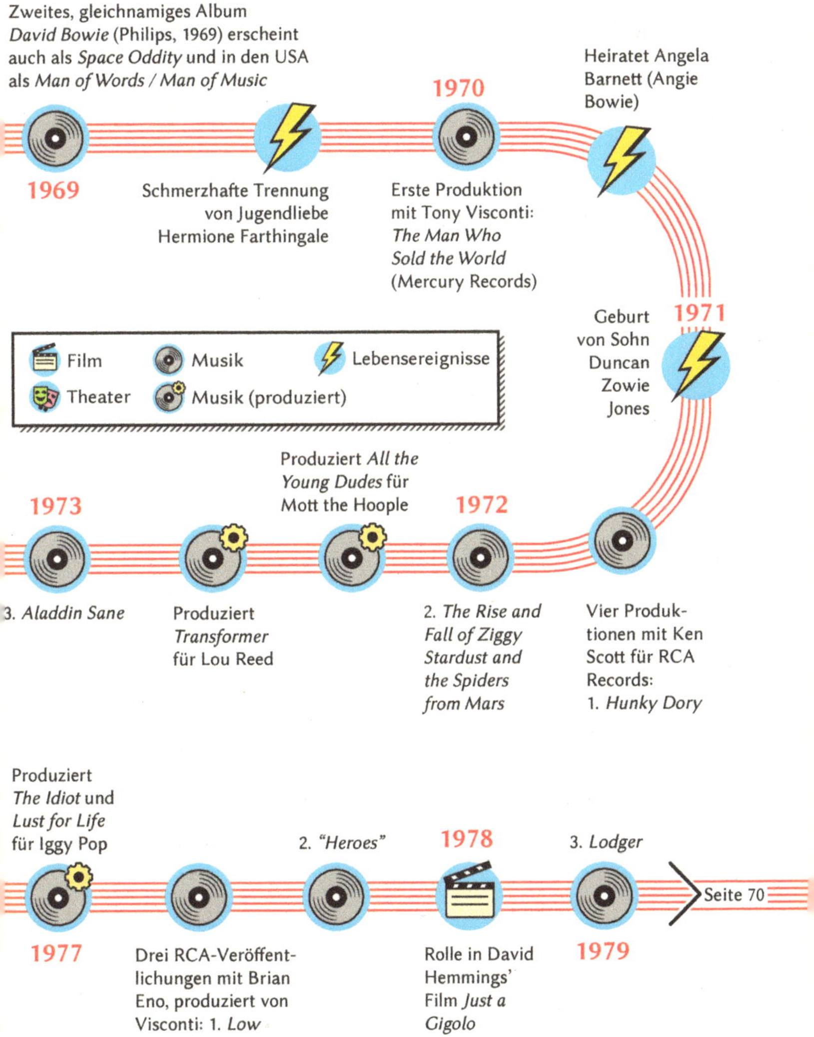
1969
Zweites, gleichnamiges Album *David Bowie* (Philips, 1969) erscheint auch als *Space Oddity* und in den USA als *Man of Words / Man of Music*
Schmerzhafte Trennung von Jugendliebe Hermione Farthingale
1970
Erste Produktion mit Tony Visconti: *The Man Who Sold the World* (Mercury Records)
Heiratet Angela Barnett (Angie Bowie)
1971
Geburt von Sohn Duncan Zowie Jones
Vier Produktionen mit Ken Scott für RCA Records: 1. *Hunky Dory*
1972
2. *The Rise and Fall of Ziggy Stardust and the Spiders from Mars*
Produziert *All the Young Dudes* für Mott the Hoople
Produziert *Transformer* für Lou Reed
1973
3. *Aladdin Sane*
Film
Musik
Lebensereignisse
Theater
Musik (produziert)
1977
Produziert *The Idiot* und *Lust for Life* für Iggy Pop
Drei RCA-Veröffentlichungen mit Brian Eno, produziert von Visconti: 1. *Low*
2. *"Heroes"*
1978
Rolle in David Hemmings' Film *Just a Gigolo*
1979
3. *Lodger*
Seite 70

»The pretty things are going to hell«: Menschliches, Menschenähnliches

»The freaks on the phone won't leave
me alone
So don't give me that brother,
brother, brother, brother. No.«
John Lennon, »I Found Out«

Fast zur gleichen Zeit, zu der britische Kulturwissenschaftler wie Stuart Hall und Dick Hebdige in Birmingham die Popkultur als einen Kampfplatz des Zeichengebrauchs beschreiben – speziell als Ermächtigungsarena für widerständige Konsumenten, die, medialen Guerilleros gleich, kapitalistische Massenwaren für eigene Zwecke sich aneignen und umdeuten –, handeln Bowies erfolgreichste Popsongs davon, wie man ins Kino geht oder den Fernseher anschaltet und plötzlich etwas anderes sieht als den Film, der dort läuft, nämlich dessen Wahnsinn, der eine irgendwie wirklichere Geschichte bereit hält. Als Bowie die Figur Ziggy Stardust 1976 als Mix aus Ballett und Ramschladen – »a cross between Nijinsky and Woolworth's« – bezeichnete, war in solcher Aussage eben auch die

Möglichkeit angesprochen, über den Umweg von Billigartikeln zu einer geradezu übermenschlichen Anmut zu gelangen. Offenbar ist die Zweckentfremdungs-Begeisterung der Birmingham-Schule ihrerseits ein Pop-Phänomen: eine institutionell gebrochene Selbstbeschreibung eher denn empirische Kritik postindustriell-kapitalistischer Kulturverhältnisse.

So verwundert es nicht, dass zahlreiche akademische Abhandlungen über Bowie, besonders aus dem englischsprachigen Raum, einem Fankultur-Populismus huldigen, der perfekt zum selbstgebastelten Gemeinschaftsethos des Glam Rock passt, in Bowies eigenen Arbeiten aber mit der Zeit immer fragwürdiger wird. Eine zentrale Rolle für kulturwissenschaftlich geschulte Anhängerschaftsdiskurse spielt dabei Bowies eindrucksvoller *Top of the Pops*-Auftritt vom 14. April 1972. Zwei Momente werden von schreibenden Fans regelmäßig als lebensgeschichtlich relevante Erfahrungen herausgehoben: die Szene, in der Bowie den Arm kameradschaftlich um Mick Ronsons Schulter legt – zwei mühelos schöne Jungs im öffentlichen Fernsehen, die vor allem Spaß an der eigenen Aufführung haben – sowie der Augenblick, in dem Bowie direkt in die Kamera blickt und bei der Zeile »I had to phone someone so I picked on you-ooh-ooh« den rechten Zeigefinger in unnachahmlich flatternder Geste auf den Zuschauer richtet – eine Interpellation der etwas anderen Art. Wahrscheinlich im Anschluss an David Buckleys Bowie-Biografie *Strange Fascination* (1999) sind diese Bilder in zahllosen Beschreibungen nachträglich zu (sexuellen, ästhetischen, ideellen usw.) Erweckungserlebnissen für einzelmenschliche Schicksale erhoben worden, ganz so, als sei Bowie selbst jener Sternenmensch, von dem er doch nur in der dritten Person singt, aus der Perspektive eines ergriffenen Radiohörers.

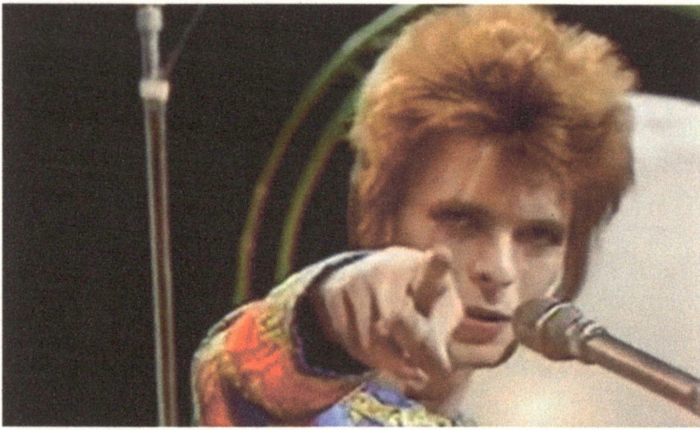

Ausschnitt aus David Bowies Fernsehauftritt in *Top of the Pops* (BBC) vom 14. April 1972.

Natürlich steht außer Frage, dass Bowies Musik wie jede erfolgreiche Form populärer Serialität bedeutsame Verbindungen mit individuellen Lebensgeschichten eingeht. Im vorliegenden Fall ist die von Cultural-Studies-Texten gefeierte Tatsache, *dass* solches geschieht, aber weit weniger interessant als der ergiebige Feedbacklärm, der hierdurch über Jahrzehnte hinweg erzeugt wurde. Insofern Bowie nämlich in den frühen 1970ern zu Publikumsreaktionen einlud, die stärker als in solchen Fällen üblich auf der Vorstellung eines besonderen Verhältnisses zwischen Sänger und Konsument beruhten – einer direkten individuellen Ansprache sogar –, lag die größte Herausforderung für den einzelnen Fan oft in der Zumutung, sich Bowie dann doch mit anderen teilen zu müssen. (Ich erinnere mich an eine deutsche Rezension von *Let's Dance*, die 1983 in genau diesem Sinn feststellte, das einzig Schlechte an Bowies neuer Eingängigkeit sei, dass ihn jetzt wahrscheinlich jeder Schuhverkäufer gut finde.)

»Jede Geschichte über David Bowie muss damit beginnen, wie er aussieht«, schrieb Tina Brown 1975 in der *Sunday Times*. Angesichts der zahllosen Bowie-Klone unter den Amateuren und Profis der Popkultur möchte man hinzufügen: und damit, wie tausende nach ihm in den 1970er und 1980er Jahren aussahen. Zugespitzt gesagt wollten Bowie-Fans schon immer in seine Haut schlüpfen, seine Frisuren nachbilden, seine Kleider tragen, aber nicht unbedingt, dass andere das auch tun. Den Medienstar brachte das in eine heikle Situation, die seine kreativen Energien mindestens seit 1974 erheblich anfachte. In diesem Jahr wird Bowie, mittlerweile nicht mehr strahlend selbstsicher, sondern extrem nervös, im Dokumentarfilm *Cracked Actor* von Alan Yentob gefragt, was er empfinde, wenn auf seinen Konzerten lauter Leute auftauchen, die ihm zum Verwechseln ähnlich sehen. Seine Antwort ist angespannt: Er hoffe, dass er seinen Fans helfen könne, irgendwann auch eigene Figuren für sich zu erfinden. Bowies Ruhelosigkeit in *Cracked Actor* sowie seine alarmierende körperliche Verfassung lassen diese stereotype, irgendwie Birminghamsche Aussage wie den geheimen Wunsch klingen, sich seiner massenhaften Doppelgänger zu entledigen.

Tatsächlich steht Bowies gesamte Karriere seit dem letzten Ziggy-Stardust-Konzert am 3. Juli 1973 unter dem Zeichen wiederholter figuraler Austreibungen, gefolgt von wiederholten Totenbeschwörungen. In spiegelverkehrter Entsprechung zum Song »Ziggy Stardust«, in dem der Rockstar am Ende von der fanatischen Meute zerrissen wird (»When the kids had killed the man / I had to break up the band«), beinhaltete eine

Version des 1974er *Diamond Dogs*-Konzeptes laut Produzent Tony Visconti das Szenario einer Rockband, die von der Bühne herab das Schussfeuer auf ihr Publikum eröffnet.

Ein Jahr zuvor hatte Bowie gegenüber Burroughs gestanden, dass er nichts anzufangen wisse mit dem ganzen Hippie-Gerede von generationellem Zusammenhalt und kollektiver Aktion. In »All the Young Dudes« hatte das noch jung und rebellisch geklungen (mit eigenem glamrockigem Wir-Gefühl: »my brother's back at home with his Beatles and his Stones / We never got it off on that revolution stuff / What a drag, too many snags«*), doch im Gespräch mit Burroughs stellte sich ein dunklerer Tonfall ein: »The coming together of people I find obscene as a principle. It is not human.«*

* »Wir sind nie auf diesen Revolutionskram abgefahren. Zu langweilig, zu viele Haken.«

* »Zusammenkunft ist ein obszönes Prinzip. Es ist nicht menschlich.«

Während aus Sicht popkultureller Selbstbeschreibungen also die Vermutung naheliegt, dass Figuren wie Major Tom oder Ziggy Stardust von Bowie nur erfunden wurden, um sie sogleich wieder auf dem Weg öffentlicher Darbietung abzugeben und in weitere Lebens- und Produktionsläufe einzuspeisen, kann aus Sicht des Performers das genaue Gegenteil wahr sein: ein ständiger Abwehrkampf gegen die wachsenden Ansprüche offiziell und inoffiziell beteiligter Massen, Charaktere und Objekte. So quellen Bowie-Biografien förmlich über von verletzten Gefühlen ehemaliger Mitarbeiter: Musiker beschweren sich durch die Blume über mangelnde Loyalität, weil sie zu diesem oder jenem Folgeprojekt nicht eingeladen wurden; selbst zentrale Akteure wie Visconti lassen bisweilen Eifersüchteleien und Ressentiments durchblicken. Dass Kunst Netzwerke braucht, Netzwerke aber nur so lange kreativ bleiben, wie sie nicht in Selbstgewissheit erstarren, ist ein Gedanke, der mit dem Pop-Prinzip der »Band« oft genauso schwer vereinbar ist wie mit der Rock-Ideologie einer gleichsam proletarischen Treue zu sich selbst.

Vor diesem Hintergrund lässt sich das, was als öffentliche Hinrichtung einer Kunstfigur in die Musikgeschichte eingegangen ist (»Bowie tötet Ziggy«), auch als die Selbstbefreiung eines Künstlers von der realen Last gleichbleibender Produktionsverhältnisse lesen. Tatsächlich ist der 3. Juli 1973 nicht der Todestag Ziggy Stardusts, sondern der Spiders from Mars. Nichts anderes verkündete Bowie auf der Bühne des Londoner Hammersmith Odeon: »Not only is it the last show of the tour, but it's the last show that we'll ever do. Thank you.« Es scheint, als ob sich hinter den berühmt gewordenen Zeilen »When the kids had killed the man / I had to break up the band« eine andere Bedeutung auftut: Damit die Band aufgelöst werden kann, muss Ziggy sterben.

So oder so kann Bowies Schaffen – multimedial von Anbeginn, kollaborativ in zunehmend bewusster Weise – als eine fortlaufende Reflexion über das Problem des Verschwindens und Auftauchens im Pop begriffen werden. Schon der angebliche Tod des »aussätzigen Messias« (»leper messiah«) Ziggy Stardust gleicht in diesem Zusammenhang eher einem profanen Scheitern als einem erhabenen Martyrium. Wo aber *Hunky Dory* und *Ziggy Stardust* immerhin noch nahelegten, dass in der Andersartigkeit technologischer Übertragung ein wunderbares Versprechen liegt, da verschiebt sich Bowies Transzendenzbegriff mit *Aladdin Sane* (1973) und *Diamond Dogs* (1974) von der Sphäre des Superhumanen auf die Sphäre des Inhumanen: Die Erde wird hier nicht mehr von Menschen, sondern von Menschenähnlichen (»peoploids«) bewohnt, die aus alten Hollywood-Filmen und Rock'n'Roll-Songs lernen, wie Sexualität funktioniert (»Future Legend«, *Diamond Dogs*; »Drive-In Saturday«, *Aladdin Sane*). Übertrugen die Schallwellen des heimischen Radios in »Starman« noch individuelle Botschaften aus einer fremden Welt, möglicherweise sogar einer verlorenen oder kommenden Heimat, so gibt es auf den folgenden Platten keinen Ausweg mehr aus der Diesseitigkeit medialer Verhältnisse. Es ist, als ob menschliches Leben hier überhaupt nur noch dank seiner Übertragungsmaschinen und der dort zirkulierenden Bilder, Geschichten und Lieder existiert – was »reality« bald zu einem zentralen Objekt der Begierde und einem neuen Schlüsselbegriff in Bowies Lyrics werden lässt.

Das Thema lässt ihn nicht mehr los: In »TVC 15« (*Station to Station*, 1976) saugt ein geheimnisvoller Unterhaltungsapparat die Freundin des Erzählers in sich auf; dieser hofft, ihr bald folgen zu dürfen. Im Song und Videoclip zu »The Stars (Are Out Tonight)« (*The Next Day*, 2013) bestimmen Celebrities unser Leben wie humanoide Götter oder astrologische Konstellationen (»Stars are never sleeping / Dead ones and the living«). Wer mit Medien kämpft, mag zusehen, dass er nicht dabei zur Medienfigur wird. Und wenn du lange in den Bildschirm blickst, blickt der Bildschirm auch in dich hinein:

They watch us from behind their shades
Brigitte, Jack and Kate and Brad …
And they know just what we do

That we toss and turn at night
They're waiting to make their moves on us
The stars are out tonight.

Interessanterweise geht Bowies Hinwendung zum Gedanken allumfassender Medialität gegen Ende der Ziggy-Ära mit der Entdeckung einer (für ihn) neuen Art der Songstrukturierung einher, die fortan an die Seite des Prinzips melodramatischer Steigerung rückt. Einige der bekanntesten frühen Lieder ließen ihre Melodien schrittweise zu einem fast qualvollen Höhepunkt anschwellen, in direkter Umsetzung der lebensweltlichen Entrückung, die besungen wurde. Demgegenüber setzt ein neuer Typus von Hitsingle – »John, I'm Only Dancing« (1972), »The Jean Genie« (*Aladdin Sane*), »Rebel Rebel« (*Diamond Dogs*) – auf die insistierende Wiederholung eines kurzen, eingängigen Gitarren-Riffs. Paradox kraftvoll treten diese R'n'B-inspirierten Songs auf der Stelle. Ihr Nicht-Vorankommen schafft einen charismatischen Eindruck von Unausweichlichkeit, der gut zur jetzt zentralen Vorstellung vermittlungstechnologischer Allgegenwart passt. Nicht um ferne Sterne oder fremde Planeten geht es hier, sondern um »your transmission and your live wire« (»Rebel Rebel«). Anders ausgedrückt: Bowies Musik wird tanzbarer, mit einem entschieden amerikanischen Verständnis von Groove, das sich endgültig 1975 auf *Young Americans* Bahn bricht. Zugleich heißt das, dass die Beziehung von Musik und Text, Klang und Wort, immer spannungsreicher wird.

In vielen dieser Entwicklungen spiegelt sich Bowies postglamouröse, zunehmend beunruhigende Eigenwahrnehmung als »Cracked Actor« (*Aladdin Sane*): als Schauspieler, der sich beim Schauspielen selbst zuschaut. Einerseits unterscheidet ihn das eindrücklich von all den amerikanischen Entertainern, in deren Shows er nun mitzusingen beginnt, in Duetten, die dank Bowies schizoid gebrochener Showmanship angemessen eigenartig wirken. Insbesondere seine Fernsehauftritte mit Cher (1975) und Bing Crosby (1977) muten wie Drogenversionen der etwa zeitgleich stattfindenden, pompös ritualisierten Las-Vegas-Konzerte Elvis Presleys an. »It's the freakiest show« sang Bowie in »Life on Mars?«: Eigentlich liegt das ganz auf der Linie eines Warhol'schen Kunstverständnisses, das jetzt eben nicht mehr nur die Echtheitsversprechen von Folk und Rock als Theater ausstellt, sondern die Theatralik des Popgeschäftes selbst so eingehend verdoppelt und intensiviert, dass man zu sehen beginnt, wie bizarr das alles im Grunde ist.

Andererseits lassen sich solch gereizte Reflexionen bis zum Spaltungsirresein hochpitchen – weshalb der Begriff des »Kunstverständnisses« ein wenig unangebracht erscheint. So erklärte Bowie in mehreren Interviews der Mittsiebziger in kaum anders als authentisch zu nennenden Tonlagen und Gesten, dass er irgendwie nicht mehr mit sich übereinstimme, nicht mehr wisse, wer er eigentlich sei. Passenderweise sprach er dabei gern in der dritten Person von sich, manchmal sogar in der Vergangenheitsform.

Aufmerksame Fans dürfte das wenig überrascht haben, denn schon 1971 hatte er in einem seiner hellsten Lieder ansatzweise dunkle Worte für diese Situation gefunden: »I turned myself to face me / but never caught a glimpse / of how the others must see the faker / I'm much too fast to take that test«* (»Changes«, *Hunky Dory*). Plakativer hieß es ein Jahr zuvor in »The Width of a Circle«: »I ran across a monster / Who was sleeping by a tree / And I looked and frowned and the monster / Was me.« Auf dem Album *The Man Who Sold*

* »Ich drehte mich zu mir selbst um, konnte aber nicht erkennen, wie die anderen wohl den Fälscher sehen. Ich bin viel zu schnell für diese Prüfung.«

the World folgte hierauf der Song »All The Madmen«, Bowies erstes Lied über seinen schizophrenen Halbbruder Terry, über den noch zu reden sein wird.

So eignet allen Auftritten Bowies, selbst den souveränsten, bis weit in die 1980er Jahre hinein eine nicht ausrottbare Schrägheit. Egal in welchem Medium er sich betätigt, egal wie gekonnt er schauspielert, tanzt, Modell sitzt, Witze erzählt – immer kommuniziert sich ein unbestimmter Missklang, als sei irgendetwas fehl am Platz. Pauline Kael hatte dasselbe Gefühl, als sie *The Man Who Fell to Earth* (*Der Mann, der vom Himmel fiel*, 1976) sah; in einer Rezension des Films schrieb sie, Bowie werde in diesem hypermodernen Sci-Fi-Opus wie eine Diva aus einer längst vergangenen Kinoepoche ausgeleuchtet. Ähnlich heißt es in einem Gedicht, das Patti Smith 1977 über das Album *"Heroes"* verfasste, Bowie agiere wie ein aus der Zeit gefallener Stummfilmstar: »ein Mitglied der aussterbendsten Rasse«.

Innerhalb weniger Jahre mutierte Bowies publikumsgewendete Umarmung großer Künstlichkeit – »So inviting / So enticing / To play the part« (»Star«, *Ziggy Stardust*) – damit zu einer bedrohlichen Selbstbeobachtung. »Fame puts you there where things are hollow«, sang er auf einem 1975 gemeinsam mit John Lennon verfassten Lied (»Fame«, *Young Americans*). Lennons erstes Soloalbum war da schon ein fester Orientierungspunkt in Bowies ästhetischem Universum. Vermutlich schätzte er an *Plastic Ono Band* (1970) die Entschlossenheit, mit der sich der Ex-Beatle einer erdrückenden künstlerischen Identität entledigte. Doch dann geschah am 8. Dezember 1980 etwas, das Bowies dunkle Metaphysik des Stardom aufs Schlimmste zu bestätigen schien: Lennon wurde in New York auf offener Straße von einem Fan erschossen.

Der Autor von »Starman« und »Lady Stardust« wäre wohl ein ebenso gutes Ziel für Mark Chapman und seine paranoiden Pop-Rezeptionen gewesen. Das mag sogar geplant gewesen sein: Anscheinend sah sich Chapman kurz vor der Tat das Theaterstück *The Elephant Man* am Broadway an; den Hauptdarsteller David Bowie fotografierte er beim Verlassen des Theaters. Als das bekannt wurde, stieg Bowie aus dem Stück aus und veröffentlichte drei Jahre lang kein neues Album mit eigener Musik – seine bis dahin längste Produktionspause. Weitere und längere Rückzugsphasen sollten folgen.

Der *Verlauf* von Bowies Karriere, geboren aus hintergründigen Pop-Reflexionen, lässt die folgewidrige Logik einer introspektiven Massenperformanz erkennen. Es geht um die Untiefen einer Ästhetik der Äußerlichkeit, um die Möglichkeiten vermittelter Präsenz, um das Menschenähnliche medialen Daseins. Wären kreative Entwicklungen wie die von Scott Walker oder Mark Hollis ohne das Vorbild solcher Experimente denkbar gewesen? Blickt man auf Bowies vielfältige Rollenwechsel seit den Mittsiebzigern, seine scheinbar abrupten Abbrüche und Neuanfänge – weißer Soulsänger, Westberliner Avantgardist, jovialer MTV-Superstar, angebliches Mitglied einer einfachen Rockband, ultimativer Rückkehrer –, so weiß man nicht, was mehr beeindruckt: die schiere Bandbreite der hier praktizierten Antworten auf die Frage popkultureller Anwesenheit und Autorschaft oder die formale Konsistenz, mit der Bowie über Jahrzehnte hinweg noch die wildesten Stilbrüche vollzog.

»I'm Deranged«: Der Verrenkungskünstler

»Manchmal biegen sich meine Arme nach hinten.«
Laura Palmer im roten Zimmer

In Alben gemessen, zeigt sich Bowies Karriere als eine Abfolge scharf voneinander getrennter Phasen. Das ist alles andere als selbstverständlich. Zwar gilt in der Popmusik das Werkformat Album spätestens seit den Beatles als verlässlicher Gradmesser kreativen Fortschritts, aber die geschäftliche Dimension popmusikalischen Schaffens (und nicht nur diese) verlangt bei Neuerscheinungen in aller Regel nach einer feinen Ausbalancierung von Originellem und Bekanntem, Innovation und Redundanz. Wenn ein erfolgreicher Act ein neues Album vorlegt, tut Überraschung gut, doch am Besten im Rahmen wiedererkennbarer, also rekursiv anschlussfähiger Variationen. Bei Bowie hingegen suggerieren Alben wie *Aladdin Sane*, *Young Americans*, *"Heroes"* und *Let's Dance* auf den ersten Blick keine – wie auch immer gebrochene – Entwicklungslinie.

Stattdessen scheinen wir es mit Epochen kreativer Identität

zu tun zu haben. Dieser Eindruck wird maßgeblich durch ein Marketing unterstützt, das die vorhandenen stilistischen und musikalischen Wechsel markant benennt und reproduktionsintensiv erläutert. Bisweilen geschieht das entgegen jeder ästhetischen Realität, doch für das Profil eines Albums – und sicherlich für seinen Erfolg oder Misserfolg – haben auch fragwürdige (Selbst-)Beschreibungen Folgen, nicht zuletzt aufgrund des Hanges journalistischer, popindustrieller und wohl auch kulturwissenschaftlicher (also: unter Zeitdruck stehender) Diskurse, die eigenen Wertungen zu recyclen.

Gleichzeitig sollte man sich vor Augen führen, dass zwischen Bowies ausklingender Glam-Rock-Phase und seiner stilistischen Wiedergeburt als Plastic Soulster nur wenige Monate lagen – nicht anders als zwischen *Station to Station* und *Low* (1976/1977). Die Alben *Diamond Dogs* und *"Heroes"*, die im Rückblick aus zwei komplett unterschiedlichen Bowie-Zeitaltern zu stammen scheinen, sind damit gerade einmal drei Jahre voneinander entfernt. Das bedeutet nicht, dass keine radikalen Umbildungen stattgefunden hätten, doch es lohnt sich, der ästhetischen Praxis nachzuspüren, die solch revolutionäre Eindrücke ermöglicht.

Blickt man etwa auf Bowies Produktionsweisen der 1970er Jahre, so fällt auf, dass Perioden, die uns heute wie berührungslose Karriereblöcke erscheinen, performativ sehr viel durchlässiger waren, als dies durch Albenstile, Plattencover, Interviews oder Biografien angegeben wird. Eine Ahnung von der Gleitfähigkeit der zugrundeliegenden kreativen Praktiken stellt sich ein, wenn man sich die Konzerte der Zeit anhört, auf denen einiges durcheinander und ineinander übergeht – und natürlich werden auch nach 1973 die *Ziggy*-Songs gespielt, selbst in den Auftritten der Berliner »Phase«. Man fragt sich, ob das Scheitern von Bowies Bühnenalben *David Live* (1974) und *Stage* (1978) neben der schlechten Tonqualität auch damit zu tun hat, dass diese Alben etwas als profan zeitgleich aufführen, was man selbst in getrennten temporalen Universen abgespeichert hat.

Umgekehrt mag der ästhetische Erfolg der Studioalben genau darin begündet liegen, wie diese etwas, was eigentlich in Bewegung ist, kunstvoll festsetzen und abkapselnd auf sich selbst beziehen. Tatsächlich möchte ich behaupten, dass Bowies beste Alben – und damit seine besten Rollen, Figuren, Outfits, Performanzen usw. – momentane Erstarrungen inszenieren. Auf allen Ebenen des künstlerischen Prozesses geht es hier um nachgerade fotografische Identitäten, die (nicht nur im visuellen Bereich) die Möglichkeiten einer Pose – einer eingefrorenen Haltung oder eines angespannten Ausdrucks – erkunden. (Der junge Bowie war ein Schüler und Vertrauter des britischen Pantomimen Lindsay Kemp.) Wo Dynamik ins Spiel kommt, etwa in der Bewegung von einem Album zum nächsten, geschieht das oft ruckartig: als abgehacktes Nebeneinander scheinbar getrennter Zustände.

Nehmen wir etwa die Zeit nach *Diamond Dogs*: Die Entwicklung der Thin-White-Duke-Bühnenfigur – regungslos kühl, aber erlesen aufgestellt und ausgeleuchtet – mag Bowies Versuch gewesen sein, sich seiner in Fernsehinterviews und Konzertansagen weiterhin durchbrechenden jugendlichen Manierismen zu entledigen, die nicht mehr zu seinen künstlerischen Ambitionen passen wollten. Zumindest sein linkischer Auftritt in einer *Soul Train*-Sendung des Jahres 1975 legt diese Vermutung nahe: Optisch ist hier bereits Thomas Jerome Newton aus *The Man Who Fell to Earth* zu sehen, doch dann führt sich diese außerweltliche Gestalt vor ihrem afroamerikanischen Publikum wie ein nervöser und offenbar betrunkener englischer Teenager auf. Wie kann man ungelenke Bewegungen unter Kontrolle bringen? Indem man sie im Bild festhält – oder, wenn das Genre das nicht zulässt, indem man selbst zur Fotografie wird: buchstäblich bild-schön.

Bowies performative Präsenz lebt stark von der Abfolge separierter Posen. Am deutlichsten zeigt sich das vielleicht im Videoclip zu »Heroes« (1977), wo sein Körper wie von kurzen elektrischen Schlägen getroffen zuckt und dann wieder verharrt: seine natürliche – unnatürliche – Art, zu tanzen. Im Ergebnis finden sich groteske Verrenkungen, die eine eigene, oft beunruhigende Schönheit entfalten, in deutlicher Abgrenzung zu den beiden Großmodellen popmusikalischer Bewegtheit (die nun bildsprachliches Material liefern): der Eleganz einer fließenden Choreographie, etwa in Revuen oder Hollywood-Musicals, und der schwitzenden Verausgabung von Rock und Disco mit ihren individuellen, hochgradig sexualisierten Ausdruckstänzen. Kein Wunder, dass Bowie von der Spastik Iggy Pops fasziniert war, für den er vier gloriose Alben produzierte (*Raw Power*, 1973 mit den Stooges; *The Idiot* und *Lust for Life*, 1977 in Berlin; *Blah Blah Blah*, 1986). Wo Bowie nämlich die Körperstile populärer Tanzmusik in Richtung serieller Statik zuspitzte, bot Iggy Rock'n'Roll in Zeitraffer. In beiden Fällen entstehen widersinnig attraktive, irgendwie auch gefährliche Dislokationen.

Die Umschlagbilder von *The Idiot*, *"Heroes"* und *Lodger* zeigen das überdeutlich, vor allem Bowies sinnlose, aber unvergessliche, weil unreproduzierbare Geste auf *"Heroes"*, mit flach abgespreizter Hand und unfokussiertem Silberblick. Wie auf dem korrespondierenden Bild Iggy Pops für *The Idiot* (von Bowie selbst fotografiert) wurde diese Haltung angeblich von

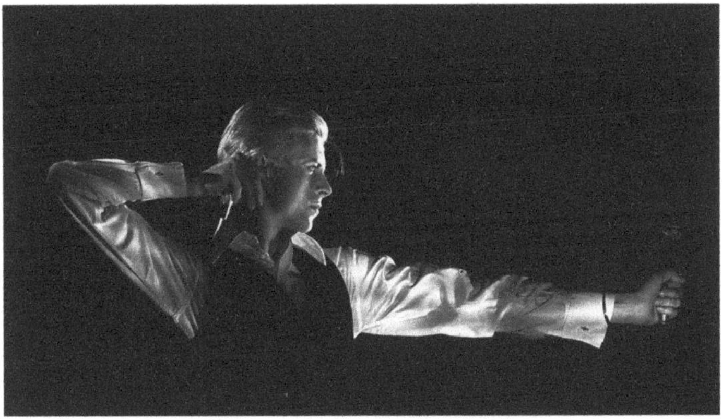

»Thin White Duke«-Foto von John Robert Rowlands.

Erich Heckels expressionistischem Gemälde »Roquairol« (1917) inspiriert, das Bowie im Dahlemer Brücke-Museum sah. Nicht aber das kunstkennerische Zitat (von dem Christopher Breward sagt, dass es auch auf Buñuels surrealistischen Stummfilm *Un chien andalou / Ein andalusischer Hund* verweisen mag) steht hier im Vordergrund. Stattdessen geht es wirklich um Contortions: um schwankende und aushebelbare Physikalitäten. Nichts anderes legt die drastische Steigerung dieses Effektes auf dem Klappcover von *Lodger* (1979) nahe, wo wir Bowie in Gestalt eines gemarterten, irgendwie hingeworfenen Körpers sehen, Beine und Nase in unmöglichen Winkeln abgeknickt.

Fast dieselbe Haltung nimmt er im Video zu »Jump They Say« (1993) ein, einer seiner beeindruckendsten Produktionen (wie bei fast allen Visualisierungen seiner Arbeit war Bowie zentral an der Gestaltung beteiligt). Der Song, der den Selbst-

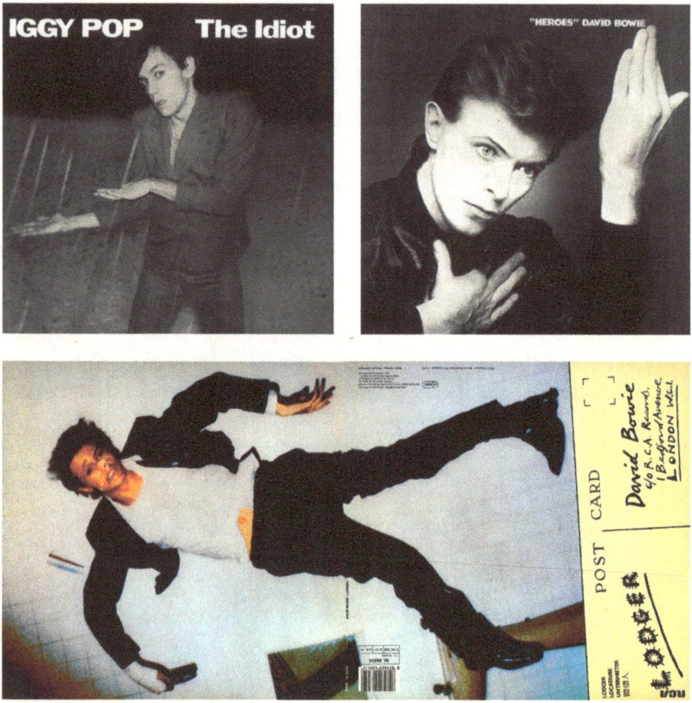

Oben links: Cover der Iggy-Pop-LP *The Idiot* (RCA), fotografiert von David Bowie; rechts daneben: Cover der David-Bowie-LP *"Heroes"* (RCA); unter diesen beiden: Klappcover der David-Bowie-LP *Lodger* (RCA).

mord seines Halbbruders Terry thematisiert, wird im Rahmen der beschwingten Jazz-Eleganz des Albums *Black Tie White Noise* (1993) als repetitive Funk-Nummer eingespielt, mit denkwürdigen Störelementen in Form schriller Trompeten- und Saxofon-Einwürfe.

»When comes the shaking man«, lautet die erste Zeile, und das Video zeigt uns Bowie als Geschäftsmann winkelförmig auf dem Vorsprung eines Hochhauses balancierend, kurz vor dem Absprung (offenbar weil seine Kollegen neurologische Experimente an ihm durchführen, die an Chris Markers Experimentalfilm *La jetée / Am Rande des Rollfelds*, aber auch an die Torturen Thomas Newtons aus *The Man Who Fell to Earth* erinnern). In anderen Szenen sehen wir Bowie wie einen Radiosprecher von himmelwärts herabhängenden Mikrofonen umkreist; es bleibt unklar, ob er ihre Runden mit pointierten Entertainmentgesten (Fingerschnipsen) kontrolliert oder umgekehrt von ihnen überwacht wird. Unvermittelt zitternde Gliedmaßen und abruptes Zähnefletschen wirken wie die wahnsinnigen Varianten des coolen Fingerzeigs im *Top of the Pops*-Auftritt bzw. des simulierten Oralverkehrs mit Mick Ronsons Gitarre (in einer berüchtigten Szene der Ziggy-Stardust-Konzerte). Irgendwann driften Bowies Pupillen ab, scheinen im Schädel zu verschwinden, bis nur noch das Weiße zu sehen ist. Bei all dem schaut er unglaublich gut aus, und das sogar, als er mit zertrümmerten Knochen auf einem Autodach aufschlägt – ein Bild, das das berühmte Foto von Robert Wiles aus dem Jahr 1947 nachstellt, auf dem zu sehen ist, wie Evelyn McHale nach ihrem Sprung von der Aussichtsplattform des Empire State Building wie ein schlafendes Fashion-Model, scheinbar unverletzt, in der kissenartig eingedrückten Karosserie eines parkenden Autos liegt (»The Most Beautiful Suicide«).

Dissonanzen dieser Art sind in Bowies Körperinszenierungen allgegenwärtig. In seinen Videos, Filmen und Fotos wimmelt es nur so von verdrehten Augen, verbogenen Fingern, entstellten Gesichtszügen – doch fast immer in Kombination mit exquisit stilisierter physischer Eleganz. So spielte er auch Joseph Merrick, den an Elephantitis erkrankten und grotesk verformten »hässlichsten Menschen aller Zeiten« im Broadway-Stück *The Elephant Man* (1980) nicht etwa in Horror-Make-up, sondern ungeschminkt unter Zurschaustellung seines fast nackten, eigentlich einzigartig wohlgeformten Körpers (im Nachthemd oder Lendenschurz). Allein mithilfe unnatürlich gewundener Bewegungen und einer bizarr modulierten Aussprache brachte er Merricks Deformationen auf die Bühne – offenbar sehr effektvoll, wenn man den enthusiastischen Kritiken und erhaltenen Filmaufnahmen glauben darf.

Vor diesem Hintergrund ist es wenig verwunderlich, wenn auch ungewöhnlich im Popgeschäft, dass Bowies tatsächliche körperliche Makel – seine konstant erweiterte linke Pupille, die den Eindruck unterschiedlich farbiger Augen vermittelt, sowie seine schiefen Zähne – in zahlreichen Darstellungen nicht nur nicht kaschiert, sondern sogar deutlich akzentuiert werden. Diese unorthodoxen Promo-Entscheidungen vermitteln sicher eine gewisse Teenager-Obsession mit Fehlstellungen und Falschgrößen, die einen erheblichen Reiz von Bowies Frühwerk ausmacht. Erst in den 1980ern, angeblich »normal« geworden, ließ er sich neue Zähne anpassen. Seine defekten Augen aber dienen bis ins Alter hinein als bedeutsames Anzeichen einer geradezu biologischen Verstörungskraft. Tatsächlich ist (wie Kevin Hunt schreibt) jede ungeschönte Aufnahme von Bowies Gesicht, jeder Medienblick in seine Augen, zwangsläufig irritiert – ein Sachverhalt, der noch in den Videos zu »Valentine's Day« (2013) und »Blackstar« (2015) prägnant in Szene gesetzt wird.

In gewisser Weise lässt sich sogar in Bowies Namenswahl

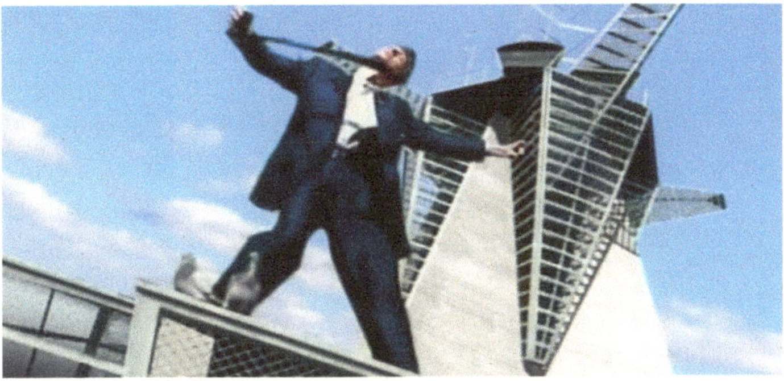

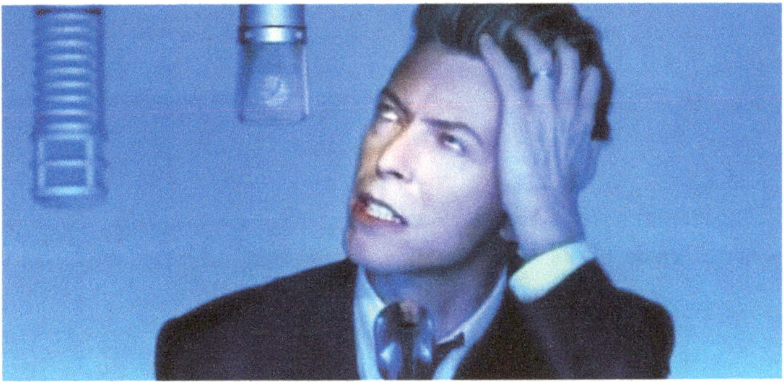

Zwei Szenen aus dem Musikvideo *Jump They Say* (Jones/Tintoretto Entertainment).

eine eigentümliche Mischung aus unterschwelliger Aggression und gefälligem Wohlklang erkennen: Um nicht mit dem Monkees-Sänger Davy Jones verwechselt zu werden, benannte er sich im September 1965 nach einem doppelschneidigen Jagd-Messer, dessen mythisch amerikanisierter Klang ihm einen Hauch von Fremdheit auf dem englischen Musikmarkt gab.

Zugleich harmonierte der neue Nachname in perfekter vokalischer Eintracht mit seinem alten, echten Vornamen.

Das Prinzip der kurzzeitigen Fixierung nicht zusammengehöriger Teile bestimmt Bowies ästhetische Praxis auf allen Ebenen und zu allen Schaffensphasen. Auch die von Brion Gysin und William Burroughs für die Textgestaltung geborgte Cut-Up-Methode, die hauptsächlich auf *Diamond Dogs*, *Low*, *"Heroes"* und *1. Outside* zur Anwendung kommt, basiert auf der Idee des unvermittelten Nebeneinanderstellens zuvor getrennter Elemente. Hier wie anderswo geht es um unerwartet bedeutsame Fügungen, um die Magie des Ungleichartigen, des Nicht-Zusammen-Passenden: »The wrong words make you listen«, heißt es in »Fantastic Voyage« (*Lodger*).

Musikalisch gesehen praktizierte Bowie diese Methode natürlich schon lange bevor ihm Gysin und Burroughs einen Namen dafür gaben. Bereits Hitsingles wie »Space Oddity« und »Starman« inszenierten Pop in erster Linie als frivole Kombinationskunst. Je berühmter Bowie aber daraufhin wurde – und je mehr er sich beim Berühmtwerden zuschaute –, desto sichtbarer markierte er den Collage-Charakter seiner Songs. »Ich breche immer alles absichtlich auseinander«, erläuterte er 1978 dem *Melody Maker*. Es wäre verfehlt, hierin eine Strategie der Entzauberung zu sehen; vielmehr zielen Bowies zusammengestückelte Gebilde auf das Wundersame einer erkennbar simulierten Präsenz, erst schillernd, dann immer ominöser.

Augenscheinlich sind für Bowie Produkt und Prozess keine einander entgegengesetzten Prinzipien. Vor allem gelingt es vielen Bowie-Produktionen, ihre Prozessualität in Posen und Zitaten buchstäblich fest-zu-halten, ohne dadurch an Intensität einzubüßen. Man darf vermuten, dass auch das Anstimmen von »Somewhere Over the Rainbow« bei einer Konzertaufführung von »Starman« im August 1972 keineswegs als Illusionsbruch wirkte, sondern die emotionale Kraft einer bereits mehrfach selbstreflexiv gebrochenen Pop-Inszenierung nochmals um einige Grade hochschraubte.

Bowies Artistik – sein Talent, durch kunstvolle Zurichtungen und Stellungswechsel des eigenen Körpers physisch erschütternde Erfahrungen für ein teilhabendes Publikum zu schaffen – zeigt sich natürlich am eindrücklichsten im Umgang mit seiner Stimme. Diese handhabt er wie ein wandelbares Werkzeug. Kaum ein Produzent oder Tontechniker, der nicht von Bowies Meisterschaft beim Singen begeistert war; glaubt man den Studioprofis, dann ist solch stimmliche Präzision fast ein wenig unheimlich. (Einige der besten Gesangstracks wurden in einem Take aufgenommen.)

Offenkundig begreift Bowie seine Stimme nicht als Ausdrucksmedium eines Inneren, wie im Rock'n'Roll üblich. Es handelt sich auch nicht um die hörbar von individuellen Erfahrungen gezeichnete »voice of sand and glue«, die er bei Bob Dylan erkannte, wenngleich unter typischer Betonung des zusammengeleimten Charakters solcher Unverfälschtheit (»Song for Bob Dylan«). Zu Beginn seiner Karriere war in einigen Rezensionen sogar zu lesen, dass Bowie zwar ein talentierter Musiker sei, leider aber keine »eigene Stimme« besitze, weil er gesanglich wie ein Imitator des britischen Schauspielers und Sängers Anthony Newley klinge. In der Tat sind Newleys Music-Hall-Verzierungen und Cockney-Intonationen auch auf Bowies großen Alben präsent, dort allerdings als Teilstrategien in einem umfassenden Repertoire vokaler Optionen. Früh auch experimentierte Bowie mit der elektronischen Verzerrung seiner Stimme, erstmals im vielgeschmähten Novelty Song »The Laughing Gnome« (1967). Später beschleunigte und verlangsamte er Gesangsaufnahmen bisweilen zur Erzeugung eines psychotischen Effektes, etwa in »The Bewlay Brothers« (*Hunky Dory*; ein weiteres Lied über Halbbruder Terry), »Scream Like a Baby« (*Scary Monsters*), »Sex and the Church« (*The Buddha of Suburbia*, 1993) und auf zahlreichen Stücken von *1. Outside* (1995). In der Hauptsache aber verlässt er sich auf die natürliche Modulation seiner Stimme, die er virtuous wie ein Musikinstrument beherrscht.

Den Funk-inspirierten Alben *Young Americans* und *Station to Station* kommt in diesem Prozess eine besondere Bedeutung zu. Es war nämlich hier, in der Plastic-Soul-Phase, dass Bowie die füllige Bruststimme ausbildete, die im Folgenden sein Markenzeichen und sogleich massenhaft kopiert wurde: Ganze Stilrichtungen der New Wave und des Post-Punk arbeiteten sich in den 1980er Jahren am kühlen Gesprächsduktus von Bowies Bariton ab, der sich mühelos zur Theatralik eines klar konturierten Vibratos steigert, am spektakulärsten wohl in Bowies opernhafter Coverversion einer Nina-Simone-Fassung des Tiomkin/Washington-Liedes »Wild Is the Wind« auf *Station to Station*.

Dass diese Entwicklung mit der Hinwendung zu explizit amerikanischen, speziell afroamerikanischen Musikstilen einhergeht, ist bedeutsam. Auch nach *Ziggy Stardust* blieb Bowie nämlich am verborgenen Fremdklang populärer Melodien interessiert. Während sich aber sein frühes Faible für Anthony Newley als Versuch deuten lässt, gegen die orthodoxen Amerikanismen seines Landsmannes Mick Jagger anzusingen, zieht es den (mittlerweile mit einer Amerikanerin verheirateten) Glam Rocker selbst auf den amerikanischen Markt (den er schon in »Five Years« mit entsprechenden Idiomen umwarb).

Die USA faszinieren ihn dabei vor allem als eine »fremdartige« Kultur, als »alien culture«, wie er 1993 im Rückblick auf die *Diamond Dogs*-Tour sagt. Auf dieser Tour fällt sein Entschluss, ein Album im Philly Sound aufzunehmen: »Das war Englisch, unsere Sprache, aber in dieser anderen Welt.« Ein Alien im Land des Rhythm'n'Blues: So zeigt auch Yentobs *Cracked Actor* einen bis aufs Skelett abgemagerten, kokainsüchtigen Bowie, der in schwarzer Limousine durch amerikanische Wüsten fährt und dabei Aretha Franklin hört. Es waren diese Bilder, die Nicolas Roeg inspirierten, *The Man Who Fell to Earth* mit David Bowie in der Hauptrolle zu besetzen. (Noch 1997 veröffentlicht Bowie einen Song, der »I'm Afraid of Americans« heißt.)

Auch Soul singt er somit wie eine Fremdsprache: als »Plastic Soul« eben, eine merkwürdig unterkühlt präsentierte Tanzmusik – oder umgekehrt: motorisierte Rhythmen mit herzzerreißend leidenschaftlichem Gesang. Überhaupt muss man sich die Abwegigkeit von Bowies blassem, ausgemergeltem Körper vor Augen führen, der ironielos schwarze Seelenmusik vorträgt. »He was the whitest man I've ever seen«, erinnert sich Gitarrist Carlos Alomar, »translucent white«.* Nichts ist selbstverständlich an dieser Weißheit, die von Bowie 1975 wie eine außerplanetarisch herangezüchtete Krankheit zur Schau gestellt wird, eine Maske des Verschwindens wie seine beängstigende Magerkeit, eine Maske der Unzugehörigkeit wie seine androgyne Geschlechtlichkeit, beides jedoch gepaart mit unerklärlicher Präsenz. (Als er dann für *Let's Dance* ein eher klassisches, weitgehend heterosexualisiertes Rollenverständnis von »Weißheit« kultiviert, tritt er bezeichnenderweise sonnengebräunt auf.)

* »Er war der weißeste Mann, den ich je gesehen habe. Durchsichtig weiß.«

Anders als Mick Jagger, der eigentlich immer möglichst schwarz klingen wollte, und anders auch als amerikanische Rock'n'Roller, die in schwarzen Musikgenres regelmäßig nach Möglichkeiten unmittelbaren Ausdrucks suchten, scheint Bowie dort ein kongeniales Gespür für den heimlichen Zusammenhang von Artifizialität und Wahrhaftigkeit gefunden zu haben. Tatsächlich lag die von Soulkünstlern wie Marvin Gaye auf *What's Going On* (1971) und Stevie Wonder auf *Innervisions* (1973) verfolgte Strategie paradoxer Harmonisierung seiner eigenen ästhetischen Sensibilität von Anfang an nahe (vom Afrofuturismus ganz zu schweigen): mitreißende Tanzsongs über den Vietnamkrieg, glitzernde Arien über den Niedergang der Inner Cities. Bowies größte afroamerikanische Vorbilder heißen dann auch nicht B. B. King und Chuck Berry, sondern Little Richard und James Brown. (Später wird er sagen, er habe schon als Jugendlicher ein »weißer Little Richard« sein wollen – »oder wenigstens sein Saxofonist«.)

Alles in allem erarbeitete sich Bowie mit *Young Americans* und *Station to Station* eine stimmliche Vielseitigkeit, auf deren Grundlage im Folgenden mannigfaltige Entertainment-Stile erreichbar wurden, vom schmachtenden Crooning zum groovenden Sprechgesang. Mit diesen beiden Alben gelangte seine Stimme über die Beschwörung jugendlicher Eigenheiten hinaus – er überließ dieses Feld nun Johnny Rotten, der mit den Sex Pistols dort Erhebliches leistete – und verwandelte sich in eine zunehmend tiefe, ja erhabene Stimme, die sich erstaunlich oft auch klein und zerbrechlich macht. Oder in Bowies eigenen Worten: Es ist die Stimme eines »Frank Sinatra der Albträume«.

Die damit angesprochene Verfremdungsästhetik weist deutliche Berührungspunkte zu David Lynchs Filmen der 1980er und 1990er Jahre auf: Hier wie dort werden die flächigen Schönheiten des amerikanischen Mainstream konstant von krankhaften Störelementen durchzogen. So mag es kein Zufall sein, dass Lynch zeitgleich mit Bowie seine eigene Version des *Elephant Man* (*Der Elefantenmensch*, 1980) produzierte. In zwei zentralen Lynch-Werken taucht Bowie dann selbst auf, wie ein Besucher aus einem geheimen Paralleluniversum: 1992 in der Rolle des FBI-Agenten Phillip Jeffries in *Twin Peaks: Fire Walk with Me* (*Twin Peaks: Der Film*) und 1997 mit einem Song von *1. Outside* in der Eröffnungs- und Schlussszene von *Lost Highway*.

Der Song heißt »I'm Deranged«.

»Deep in your room, you never leave your room«: Der Klang der Dinge

»ich hörte die platte 72 stunden lang. tag und nacht. beim fernsehen und im schlaf«

Patti Smith, »*Heroes*: Ein Communiqué«

In der Popmusik der 1970er und 1990er Jahre nimmt David Bowie eine einzigartige Stellung ein. Ohne dass sein Publikum sich für eine dieser Rollen entscheiden müsste, kann es ihn gleichzeitig als brillanten Unterhaltungskünstler und als avantgardistischen Experimentator wahrnehmen. Man könnte auch sagen, dass es Bowie gelingt, Werke zu serialisieren und Serielles als werkhaft erscheinen zu lassen.

Für die Erzeugung popkultureller Legitimität ist das eine außergewöhnliche, vielleicht nicht einmal beabsichtigte Haltung. Tatsächlich sind zahlreiche der besten Arbeiten Bowies aus gescheiterten Großprojekten mit oft recht klassischen Werkambitionen hervorgegangen. Der Thin White Duke entstand eigentlich als literarische Figur im Rahmen eines nie veröffentlichten Buchmanuskriptes. Eine echte »Rockoper« zu Ziggy Stardust blieb der Musikgeschichte anscheinend nur aufgrund von Bowies nachlassendem Interesse an diesem Projekt erspart. Zu *Diamond Dogs* wiederum liegt ein detailliertes, von Bowie grafisch und erzählerisch ausgearbeitetes Storyboard für einen Musicalfilm vor. Die oft im Zusammenhang mit dem Album genannte »Figur« Halloween Jack existiert nur in diesem verworfenen Konzept (sowie in einer Zeile des Titelsongs). Auch hier darf man vermutlich dankbar sein, dass Bowies kurze Aufmerksamkeitsspanne – von vielen Mitarbeitern erwähnt – das ehrgeizige Vorhaben vereitelte. Stattdessen entwickelte sich *Diamond Dogs* zu einer ungestümen, proto-punkigen Collage mit Anklängen u.a. an George Orwells *1984* (1948), William Burroughs' *The Wild Boys* (1971), Stanley Kubricks *A Clockwork Orange* (1972, nach Anthony Burgess' Roman von 1962) und L. Frank Baums *Ozma of Oz* (1907).

Für Bowies Arbeitsstil ist das kennzeichnend: Selbst offenste Produktionsprozesse werden ihm anscheinend irgendwann langweilig. Auf klar konzeptionierte Alben wie *Let's Dance* folgen dann halbherzige Sammlungen wie *Tonight* (1984). Sogar die experimentelle, ausdrücklich auf das Durchbrechen kreativer Routinen angelegte Zusammenarbeit mit Brian Eno begann nach kurzer Zeit zu zerfasern, als die 1977er Glanzstücke *Low* und *"Heroes"* durch das Variety-Album *Lodger* ergänzt wurden (eine »Berlin-Trilogie«, die weder Trilogie noch Berlin-zentriert ist: von den drei Alben wurde nur *"Heroes"* komplett in den Hansa Studios aufgenommen).

Als sich Bowie und Eno 1994 erneut für eine groß angelegte Konzeptserie abseits bildungskultureller Gesamtkunstwerk-Vorstellungen zusammentaten – »A Non-Linear Gothic Drama Hyper-Cycle«, einsetzend mit dem David-Lynch-inspirierten Album *1. Outside: The Ritual Art-Murder of Baby Grace Blue* –, blieb es bezeichnenderweise bei einer einzigen, verloren durchnummerierten Veröffentlichung, trotz ausgearbeiteter Pläne für weitere Anschlüsse (beginnend mit »2. Contamination«, auf das bis zur Jahrtausendwende jährliche Veröffentlichungen folgen sollten). So wurde die ohnehin schwach ausgeführte Geschichte von Detektiv Nathan Adler und Mordopfer Baby Grace abgebrochen und wie andere unvollendete Bowie-Projekte in späteren Produktionskontexten ausgeschlachtet: vielleicht die realistischste Gestalt einer verästelten, rhizomatischen Ästhetik.

Gleichwohl – oder gerade deshalb – stellen die Kooperationen mit Eno einzigartige Höhepunkte in Bowies Schaffen dar. Mit *Low* und *"Heroes"* veröffentlichte er 1977 innerhalb weniger Monate zwei Alben, die geheimnisvoll und partikular in der musikalischen Landschaft ihrer Zeit stehen und seitdem wenig gealtert scheinen (eingerahmt von Enos eigenem Meisterwerk *Another Green World* und Iggy Pops *The Idiot*). Im Rückblick werden *Low* und *"Heroes"* – sowie *Lodger* – oft als Soundtrack zu Bowies Zeit in Westberlin angesehen, wo er fast drei Jahre mit Iggy Pop in einer Mietwohnung in Schöneberg lebte. Nach den lebensbedrohlichen Abstürzen in Los Angeles fand er in Mitteleuropa gewissermaßen eine nächste »alien culture« außerhalb Englands, aber auch fernab der USA. Auf Westberlin mag die Wahl deshalb gefallen sein, weil Bowie sich während der Produktion von *Station to Station* für die Kultur der Weimarer Republik bzw. deren Aufbereitung in Musicals wie *Cabaret* zu interessieren begann; er traf den durch seine Berlin-Stories bekannt gewordenen Christopher Isherwood, sammelte Kunst und Andenken der Zeit, darunter auch Nazi-Memorabilia, erschloss sich Bertolt Brecht und Kurt Weill (deren Baal er 1982 in einer gelungenen BBC-Bearbeitung spielte; die zugehörige EP gilt vielen als seine stärkste Gesangsleistung). Gleichzeitig entdeckte er aktuelle deutsche Electronica und experimentelle Popmusik, hauptsächlich Kraftwerk, Neu! und Tangerine Dream (während Eno vor allem Cluster, Harmonia und Can schätzte).

All das ist oft beschrieben worden, auch von Bowie selbst. Das Stück »V-2 Schneider« auf *"Heroes"* weist sich im Titel als Hommage an Florian Schneider von Kraftwerk aus. Aber eigentlich nur dort: Was an den 1977er Alben nämlich am meisten erstaunt, ist, wie wenig sie letztlich nach Elektropop, Krautrock oder irgendeiner anderen Stilrichtung der Zeit klingen. Auch Punk ist völlig abwesend. Enos Einfluss ist natürlich auf den Instrumentalstücken hörbar, doch selbst hier ist die Differenz zu *Another Green World* und *Discreet Music* (beide 1975) bemerkenswert. *"Heroes"* im Besonderen bietet eigentlich Gitarrenmusik – einen neuen Typus von Gitarrenmusik allerdings, Welten entfernt von jeglicher Rock-Ambition: Wir hören metallische Geräusche, schleifende Gitarren, taumelnde Gitarren, rutschende Gitarren, inmitten synthetischer und elektronischer Klangschluchten – eine Art Betonästhetik. (So jedenfalls Enos Eindruck, als er zum ersten Mal Bowies Produktion von *The Idiot* hörte: Das Album klinge, wie wenn man seinen Kopf in Beton stecke; auf *"Heroes"* wurde dieser Effekt noch durch Gitarrist Robert Fripp verstärkt, den Eno eigens dafür eingeflogen hatte.)

Möglicherweise beginnt hier Industrial Music: Die instrumentelle Sequenz »V-2 Schneider« – »Sense of Doubt« – »Moss Garden« – »Neukölln« ist über hoch ausgesteuerte Klangschlieren verbunden, die an den verlangsamten Lärm eines Düsenflugzeugs erinnern. Auf den Gesangsstücken wiederum will die Melodie oft nicht zum Rhythmus passen; Bowies wechselnde Stimmlagen reihen sich in zusammengestückelte Arrangements ein, bei denen die Instrumente wie gespenstische Doppelgänger ihrer selbst klingen. (Als ich das Album zum ersten Mal auflegte – 1982, fünf Jahre nach seinem Erscheinen, zu einer Zeit erster Berührungen, als mich eigentlich nur hellere Musik erreichte – waren die Eingangstakte von »Beauty and the Beast« das Fremdeste und Faszinierendste, was ich je gehört hatte. Manchmal sind sie es immer noch.)

Von Weimar-Kitsch keine Spur. Auch Kraftwerks romantischer Futurismus (der sich heute so zeitgebunden, so überholt anhört) ist bestenfalls als ferne Inspirationsquelle vernehmbar, bleibend entfremdet. Stattdessen der Klang von Orten: paranoide Raumbesichtigungen und subjektlose Reisen auf *Low*, kaltes Stadtgrau und Küsse im Regen auf *"Heroes"*. Offenbar handelt all das von Bowies Begegnung mit dem Wahnsinn, nun aber im Duktus einer noch unmöglichen Außensicht, genauer: eines Entzuges, schmerzhaft bis an die Grenze der Lebensfähigkeit.

Natürlich war der Wahn seit Langem in Bowies Auftritten präsent, zuletzt in Form einer nervösen Spirale immer drastischerer Selbstzurichtungen: dünner, weißer, zwittriger. In gewisser Weise handelte bereits das frühe Scherzlied »The Laughing Gnome« von unheimlichen Stimmen und bedrohlichen Doppelgängern. In »Janine«, einem anderen frühen Song, hieß es: »If you take an axe to me / You'll kill another man / Not me at all« (*David Bowie*, 1969); diese Axt taucht 1980 in »Ashes to Ashes« wieder auf: »Want an axe to break the ice / Wanna come down right now.«

In einigen Songs zum Thema Irrsinn ging es dabei mehr

oder weniger direkt um Bowies Halbbruder Terry Burns, mit dem er als Kind ein Zimmer geteilt und der ihm Jazzmusik und Beat-Literatur nahegebracht hatte. »All the Madmen« scheint von Burns' Leben in einer Nervenheilanstalt zu erzählen; das US-Cover der zugehörigen LP, *The Man Who Sold the World*, zeigt einen Cartoon-Cowboy mit leerer Sprechblase vor dem Cane Hill Mental Asylum in London – demselben Hospital, aus dem Burns 15 Jahre später ausbrechen sollte, um sich von einem Zug überrollen zu lassen. So ist Schizophrenie auf allen Langspielplatten der 1970er ein Kernthema, auch inmitten der apokalyptischen Pracht von *Ziggy Stardust* (Bowie: »Ich dachte an meinen Bruder und schrieb ›Five Years‹«). Und schließlich dieser Titel: *Aladdin Sane* – ein fast pubertäres Wortspiel, das die Neurose ausstellt, indem es sie, wie in einem schmutzigen Witz, deutlich sichtbar verbirgt (»a lad insane«*). Eigentlich sprechen Heranwachsende so über Sex, aber hier lauert ein vielleicht noch tieferes Rätsel: die Ungesichertheit des eigenen Geisteszustandes. Und doch verrückt die unerhörte Schönheit dieser beiden Worte, *Aladdin* und *Sane*, das Verrückt-Sein selbst in eine Position stimmiger Brillanz.

* »Ein kranker Junge.«

Ganz anders *Low*: Von einer glamourösen Sublimierung des Wahns kann hier nicht mehr die Rede sein. Stattdessen geht es um die Geisteskrankheit als nüchterne Realität – um die Empfindung eigener Empfindungslosigkeit –, ganz im Sinn einer Aussage Bowies aus dem Jahr 1993, die ernstzunehmen sich lohnt: »Insanity was a real possibility in my life.«* Iggy

* »Geisteskrankheit war eine echte Möglichkeit in meinem Leben.«

Pop, der sich 1975 in eine Nervenheilanstalt einweisen ließ, meinte später, vielleicht habe Bowie nur aus diesem Grund mit ihm zusammenarbeiten wollen (und Bowie sei im Übrigen der Einzige gewesen, der ihn dort regelmäßig besucht habe).

Für beide barg die Insellage Westberlins ein Versprechen auf Genesung und Vitalisierung zugleich. Es war möglich, dort relativ anonym zu leben und trotzdem an kreativen Szenen teilzuhaben. Für Bowie war Berlin auch eine Stadt, durch die er unerkannt mit dem Fahrrad fahren konnte, unter freiem Himmel ohne Zuschauer, von einer echten Welt aus Straßen, Häusern und Geschäften umgeben.

Der Kontrast zu den hysterischen Rückkopplungsschleifen des Londoner Glam Rock und des kalifornischen Medienzirkus hätte kaum größer sein können. Nicht zufällig bildete das Wort »brain« eine Zentralvokabel in den Texten der *Ziggy Stardust*-Ära (»put a peephole in my brain«, »your laughter is sucked in their brains«, »my brain hurt like a warehouse«, »my brain hurts a lot«, »I'm busting up my brains for the words«, »all the knives seem to lacerate your brain« usw.). Immer wieder ging es dabei um die Projektion einer imaginären Welt aus dem eigenen Kopf hinaus oder in diesen hinein.

Dagegen handeln fast alle Songs auf der ersten Seite von *Low*, jedenfalls die mit Gesangstexten, von tatsächlichen Innenräumen mit vier Wänden, einem Boden und einer Decke: »I've been / Breaking glass in your room again«, »Don't look at the carpet / I drew something awful on it« (»Breaking Glass«), »Deep in your room, you never leave your room« (»What in the World«), »Blue blue electric blue / That's the colour of my room / Where I will live« (»Sound and Vision«). Auf Iggy Pops zeitgleich erschienenem Stück »Dum Dum Boys« heißt es:

»The walls close in and I need some noise« (*The Idiot*). Und 1980 beginnt Bowies Song »Scary Monsters (and Super Creeps)« mit der Zeile: »She had a horror of rooms.«

Gewiss verlängern solche Lyrics den adoleszenten Reiz von Bowies Musik, denn das eigene Zimmer ist natürlich der Ort jugendlicher Selbstkonfrontation schlechthin – der Ort auch, an dem man Schallplatten und Radio hört, allein mit sich und eigenartig bedeutsamen Möglichkeiten. Doch auf *Low* wird das Zimmer endgültig zur Zelle. Konkret dient der geschlossene Innenraum nun als Ort des Entzugs, des qualvollen Sich-Entwindens, der Selbsteinkerkerung zum Zweck der Ernüchterung, der Reinigung.

Einschluss und Leerlauf sind zentrale Motive der ersten Seite von *Low*, mit ihren fragmentarischen Songs, die wie aus dem Nichts eingeblendet werden, um dann ohne erkennbares Ziel wieder zu verschwinden. Tiefe Apathie – »love won't make you cry« (»What in the World«), »I never touch you« (»Breaking Glass«) – kommt in polternden, grell abgemischten Rhythmen daher, deren Hektik nirgendwohin zu führen scheint. »Always Crashing in the Same Car«, das noch am meisten an klassische Songstrukturen erinnernde Stück, zeichnet das Bild eines sich planlos um sich selbst drehenden Autos: »I was going round and round the hotel garage.« Eigentlich ist das Auto ja ein Rock'n'Roll-Gefährt – der vielleicht erste Rock'n'Roll-Song überhaupt, Jackie Brenstons »Rocket 88« (1951), handelte vom Autofahren, und eines von Bowies Lieblingsbüchern als Teenager war Jack Kerouacs *On the Road* –, aber auf *Low* entpuppt sich sogar Geschwindigkeit als Betäubungsmittel. Wohl deshalb auch überlagern sich planlos vorbrechende Drums mit lethargischen Soundeffekten, als ob das eine gleichbedeutend mit dem anderen wäre. In einigen Fällen setzt Bowies Gesang erst ein, als das Lied schon zur Hälfte vorüber ist (»Sound and Vision«).

Der eigentliche Schock des Albums – sowohl für die Plattenfirma RCA, die *Low* erst gar nicht veröffentlichen wollte, als auch für Hörer und Künstler wie Scott Walker, Ian Curtis und andere, deren Verständnis populärer Musik danach nicht mehr dasselbe sein sollte – kommt auf Seite 2. Wie Hugo Wilcken schreibt, nehmen die hier versammelten Tracks die zentralen Zeilen von »Sound and Vision« beim Wort:

> Nothing to do
> Nothing to say
> I will sit right down
> Waiting for the gift of sound and vision.

So verschwindet einer der virtuosesten Popsänger und Liedtexter seiner Zeit auf der zweiten Seite seines elften Studioalbums hinter atmosphärischen Klangtexturen und hypnotischen Repetitionsfiguren (die vor allem bei »Weeping Wall« den Minimalismus des Komponisten Steve Reich beleihen). Laut Wilckens Analyse des Albums vollenden Bowies Instrumentals den Abbau narrativer und grammatischer Strukturen, den die Stücke der ersten Seite eingeleitet hatten. Nach der Destruktion des Prinzips Popsong verbleibt gewissermaßen »vokale Wortlosigkeit« (Wilcken). Dabei zeichnet gerade die Vokalität der letzten fünf Tracks für ihre Schönheit verantwortlich – ein Effekt, der nach der lärmenden Trostlosigkeit der ersten Seite durchaus überraschend kommt.

In Wirklichkeit hören wir nämlich gar keine Instrumentals. Stattdessen ist Bowies Stimme auf den meisten Titeln der zweiten Seite anwesend, in Form summender und skandierender Tonfolgen, die entscheidende Akzente in diesen damit doch recht melodischen, ja dramatisch aufgebauten Miniaturen setzen. In »Warszawa« und »Subterraneans« wird sogar richtig gesungen, und das inständig: einmal in einer erfundenen Sprache, einmal unter Verwendung eines englischen Textes, der willkürlich scheinende Begriffe nach Maßgabe ihres Klangs aneinanderreiht (»care line driving me shirley shirley shirley own«).

In beiden Fällen mögen die Worte keinen Sinn ergeben, ihr Vortrag aber umso mehr. Vor allem »Warszawa« mit seinem an Kirchenchoräle erinnernden Stimmeinsatz weit nach Hälfte des Stücks, der sich dann zu einem erschütternden Klagelied, einer verzweifelten sakralen Anrufung, steigert, erzeugt »sound emotions«: echte Affekte aus bedeutungslosen Worten. Im Ergebnis ensteht kein Eindruck von Sprachlosigkeit oder Kommunikationsabbruch – das Thema der Songtexte von Seite 1 –, sondern eine merkwürdig künstliche Aufrichtigkeit. Es ist wie in der berühmten, vielleicht von *Low* inspirierten Szene aus David Lynchs *Mulholland Drive* (2001), in der Naomi Watts und Laura Harring im Club Silencio gebannt einer Sängerin lauschen, deren herzzerreißender Acapella-Vortrag von »Llorando« (einer spanischen Version von Roy Orbisons »Crying«) ihnen die Tränen in die Augen treibt. Doch dann bricht die Sängerin zusammen, wie von der Macht des eigenen Gesanges getroffen – der gar nicht der eigene ist, denn ihre Stimme singt einfach im Playback weiter. Der Realität des Momentes tut das im Film keinen Abbruch, nichts wird entlarvt, aber vieles intensiviert. Es ist alles echt und falsch zugleich.

In gewisser Weise hatte Bowie schon immer so gearbeitet, tendenziell auch immer schon in einer erfundenen Sprache gesungen. Für die meisten Lieder schrieb er bereits bei frühen Alben zuerst die Musik; passendes Textmaterial wurde später entwickelt, selten andersherum. Die Cut-Up-Methode steigerte den instrumentellen Charakter sprachlicher Komposition noch einmal, so dass die Melodiewerdung von Worten wie der nächste logische Schritt erschien.

Was *Low* aber auszeichnet, ist, wie hier das Verschwinden des menschlichen Sänger-Subjektes – des Stars – den ästhetischen Handlungsspielraum anderer, auch nichtmenschlicher Beiträger zum Album absichtsvoll erweitert. Vor allem in diesem Punkt ist Enos Einfluss zu spüren: im Vertrauen auf die systemische Eigendynamik kreativer Prozesse. In der Tat hatte Eno bereits zwei Jahre zuvor mit *Discreet Music* ein Album geschaffen, dessen Klangfolgen, maßgeblich von kybernetischer Theorie beeinflusst, *aus sich selbst heraus* entstanden: als regelkreisförmige Reaktionen auf die Resultate ihrer eigenen, nur initial vom Musiker in Gang gesetzten Umweltveränderungen.

Während der *Station to Station*-Tour hörte Bowie *Discreet Music* unentwegt. Bei den folgenden Arbeiten an *Low* und *"Heroes"* bestand sein erklärtes Ziel darin, das Aufnahmestudio als aktive Instanz im musikalischen Geschehen zu respektieren, so wie Eno es für *Another Green World* mit atemberaubenden Ergebnissen getan hatte. Hier wie dort waren die beteiligten Musiker dazu angehalten, sich als Teil eines größeren Ensembles kreativer Kräfte zu begreifen, das auch Instrumente, Mikrofone, Räume mit eigenen Neigungen und Stimmungen umfasste. Enos Angewohnheit, scheinbare Arbeitsfehler und Missverständnisse (eine falsch gespielte Note, ein falsch gehörtes Wort) als evolutionäre Anstöße zu nutzen, wurde damit zum expliziten ästhetischen Programm erhoben. Ebenso zielte der Einsatz der »Oblique Strategies«-Karten, die Eno 1975 mit Konzeptkünstler Peter Schmidt entwickelt hatte, auf die Minderung schöpferischen Charismas zugunsten »geplanter Zufälle«. Zahlreiche der Karten setzten professionelle Routinen oder genialische Könnerschaft außer Kraft (etwa in der Aufforderung, dass alle Beteiligten ihre Instrumente tauschen sollten).

War Bowie seinen Masken und Verkleidungen schon immer gefolgt, wohin sie ihn führten, tat er nun den entscheidenden Schritt zur direkten ästhetischen Würdigung vernetzter Artikulation und eigendynamischer Produktion. Erwartbar brachte ihm das den Vorwurf des Plagiats ein, bis heute gern in der Aussage, dass Bowie ja nichts sei ohne Mick Ronson, ohne Brian Eno, ohne Nile Rodgers usw. – was umgekehrt die rockistische Annahme einer schöpferzentrierten Urheberschaft voraussetzt, für die solches irgendwie nicht gelten würde.

1977 aber erkannte sich Bowies Kunst genau in ihren selbstgeschaffenen Entstehungsbedingungen wieder. Die Einsicht, dass jedes kreative Handeln in einem System gegenseitiger Abhängigkeiten erfolgt, verhalf Bowie hier nicht nur hinaus aus seiner Dialektik des Übermenschlichen, sondern ersparte ihm auch die Konversion zu einem Gott, dessen Schöpferversprechen so manchem gepeinigtem Rock'n'Roller der Zeit Halt und Trost gab. Dass man nicht Herr der Dinge ist, sondern von diesen zugleich beherrscht wird, ist ein Gedanke, der sich eben auch transzendenzlos denken lässt. Oder besser gesagt: eine Situation, die sich rettungslos leben lässt, sofern es gelingt, die Frage nach der wahren oder unwahren Herkunft und Absicht der Dinge umzustellen auf die Frage gesunder oder ungesunder Interaktionen mit einer realen Umwelt.

So handelt *Low* zentral von der Macht äußerer und innerer

Objekte: von dem, was geschieht, wenn der eigene Körper mit bestimmten Dingen in Berührung kommt und mit anderen eben nicht mehr. Wer Drogen nimmt, weiß, wovon die Rede ist. Musiker wissen das in aller Regel auch. Autobiografien von Instrumentalisten sind voll von Beschreibungen gelungener Mensch-Werkzeug-Kopplungen, oft ausgedrückt im Gefühl, vom eigenen Instrument gespielt zu werden statt umgekehrt. Jazzpianist Mike Garson, der mit Bowie erstmals auf *Aladdin Sane* zusammenarbeitete, beschrieb in Vorwegnahme Enos die Produktion von *Diamond Dogs* wie folgt: »The studio played me as I played it.« Fast übereinstimmend singt Bowie im Lied »DJ«: »I am what I play« (*Lodger*). Und seit jeher war eines seiner Lieblingsworte: »things«.

Bowies Interesse an Produktionsprozessen – daran, was Objekte *machen* und was man *mit* ihnen (gemeinsam) machen kann, nicht nur, wie sie *gemacht* werden – erklärt, weshalb *Low* gleichzeitig als Monument autistischer Isolation und als Resultat eines umfassenden Netzwerkes persönlicher und materieller Beziehungen existiert. Ähnliches gilt interessanterweise auch für Bowies oft geschmähte *Tin Machine*-Alben (1989/1991), bei denen er sich abermals nach einer Phase erhöhter medialer Sichtbarkeit demonstrativ zurücknahm, um als Teil eines Ensembles aufzutreten (vielleicht der erste Popstar, der versuchte, sich von einem Solo-Act in ein Bandmitglied zu verwandeln statt umgekehrt).

Dass das nicht gelang, unterstreicht die kulturhistorische Feedback-Logik kreativer Netzwerke im Pop und anderswo. Es ist *eine* Sache, wie kooperative Anordnungen sich beschreiben – eine andere, welchen Zwängen sie dabei unterliegen, auch aufgrund der eigenen Ergebnisse. Nach *Ziggy Stardust* und *Station to Station* fällt es eben schwer, sich David Bowie in einer musikalischen Arbeitskonstellation vorzustellen, in der er nicht als Zentralakteur auftritt, ob er will oder nicht. So reihte sich Bowie auf Konzerten der späten 1970er während der Instrumentals oft bei den anderen Musikern ein – eine kreative Selbstverortung, die beim Publikum nicht immer gut ankam, in jedem Fall aber forciert wirkte. Denn auch unter der Regelannahme verteilter Autorschaft lässt sich für *Low* und *"Heroes"* einer benennen, der den Akt der Verteilung in entscheidender Weise initiiert, organisiert und zentriert.

Bowies Untreue, seine Vorliebe für wechselnde Gruppierungen, erweist sich in diesem Zusammenhang als (popkulturelle) Autorschaft zweiter Ordnung: Mitarbeiter werden in aller Regel nicht als Ausführende eines autorisierten Konzeptes ausgesucht, sondern so, dass sie ein komplexes Feld widersprüchlicher Anziehungs- und Abstoßungskräfte bilden, auf dem ein Projekt seinen Lauf nehmen kann – mit allen Folgen, die das für weitere Projekte haben mag. Manchmal fragt man sich, ob Bowie seine Musiker sogar danach aussucht, wie gut der Klang und die Optik ihrer Namen zum Sound-Effekt des eigenen passt: Alomar. Eno. Fripp. Belew. Gabrels.

Und so entfalten auch *Low* und *"Heroes"* – und überhaupt die ganze »Bowie in Berlin«-Mythologie – ihre eigene Dynamik in Bowies weiterer Karriere. Das zeigt sich u. a. darin, dass fortan alle möglichen Schaffensebenen über die Fragen von Gesundheit und Krankheit miteinander verknüpft sind. Entsprechend spielte *Scary Monsters* im Anschluss an die Eno-Kooperationen das Thema des Selbstentzuges noch einmal direkter durch, unter ausdrücklicher Aufrufung und vorläufiger Austreibung früherer Entwicklungsphasen. Die 1980er Jahre standen dann im Zeichen von Normalitätsinszenierungen, denen man die Erleichterung überwundener

Krisen so deutlich ansah, dass einiges sogleich wieder anomal wirkte.

Eigentlich hat man das Gefühl, dass Bowie erst in den frühen 1990ern – im Zuge seiner zweiten Ehe – mit sich selbst ins Reine kam. *Black Tie White Noise* und *The Buddha of Suburbia*, seine vielleicht am zufriedensten wirkenden Platten, markieren 1993 nicht nur den Abschied von Tin Machine, sondern auch eine Art nachgeholter Ankunft, der man allerdings aus Gewohnheit weiter misstrauen möchte. Vieles spricht dafür, dass solche Skepsis unbegründet ist. Albtraumhaftes kehrt jetzt vor allem als Repertoirestück in Bowies Werk zurück, gekonnt von einem in Szene gesetzt, dem man abnimmt, dass er weiß, wovon er spricht, dem man aber auch ansieht, dass er das aus einer gesicherten Position heraus tut, schließlich sogar voller Witz und Daseinsfreude, bloße Möglichkeiten irdischer Anwesenheit in echte Erscheinungen verwandelnd: »lust for life«.

Anders ausgedrückt: Die Alben *1. Outside*, *Earthling* (1997) und *Heathen* (2002) sind Meisterwerke im wahrsten Sinn des Wortes, auch wenn sie nicht immer als solche wahrgenommen wurden. Vor allem die Reaktionen auf *Earthling* waren bezeichnend: Oft als Bowies »Drum'n'Bass-Album« etikettiert, fiel *Earthling* dem Erfolg von Bowies eigenen Erfolgsstrategien zum Opfer. Wie ein Mantra wiederholten die ersten Rezensionen, dass Bowie nun keine »Trends« mehr setze, sondern ihnen hinterherlaufe. (In Deutschland kam das bevorzugt von Leuten, die Drum'n'Bass sowieso für eine komische Mode hielten.) Weil man es so oft gelesen hatte, wusste man inzwischen, wie Bowies Karriere funktioniert und stellte anbiedernde Berechnung fest.

Dabei passt Drum'n'Bass ausgezeichnet zu Bowies eigener

Ästhetik schöner Inkongruenz. Hyperaktive Reizbarkeit vor dem Hintergrund einer tiefen, fast statischen Ruhe: *Earthling* nutzt Trommeln und Bass zur Aufführung einer eigentümlich meditativen Nervosität, die von der aktuellen Drum'n'Bass-Szene bedenkenlos goutiert werden konnte. Nicht Bowies Musik gelangte hier an ihre Grenzen, sondern die Marktgängigkeit des Konzeptes ständiger Neuausrichtung an den Objektmöglichkeiten einer gegebenen Zeit. Das ist auch eine Frage des *Alterns*, wie wir gleich sehen werden.

»Eyes completely open, but nervous all the same«: Höflichkeit, Gebete, Sex

»Wahrscheinlich ist er ein ausgeglichener und liebevoller Typ, und die Lieder stammen von einem entgegengesetzten, gleichberechtigten Ort.«
Rick Moody

Die billigste Deutung von Bowies Superstar-Image der 1980er Jahre erkennt im Chartserfolg von »Modern Love« und »China Girl« (*Let's Dance*) einen Verrat an der Subkultur (so Todd Haynes' Spielfilm *Velvet Goldmine* von 1998, der das Verschwinden des Glam Rockers als dessen Eintritt in den Reagonomics-Mainstream zeichnet, unter vielsagender Ausblendung aller dazwischen liegenden Phasen). Die zweitbilligste Deutung besagt, dass der neue – »gesunde« und »saubere« – Bowie eigentlich nur eine weitere Rolle sei, eine Kostümierung wie Ziggy Stardust und Aladdin Sane.

Billig muss nicht falsch sein. Sicherlich stimmt, dass Bowie die 1980er Jahre als ein Überlebender betritt. Das Gefühl, noch einmal – wieder einmal – davon gekommen zu sein, prägt seine Auftritte nun überdeutlich. Auf dem Umschlag von *Let's Dance* lässt er sogar die Muskeln spielen, präsentiert sich in der bis dahin undenkbaren Pose eines Boxers, wenn auch in verfälschendem Kunstlicht. Natürlich sehen wir hier keinen Unmaskierten; es handelt sich um das Cover einer EMI-Schallplatte, die in hoher Stückzahl weltweit vertrieben wird. Aber das war bei *Ziggy Stardust* und *Low* kaum anders (das erste Album mit Eno erreichte unerwartet Platz 2 der britischen Charts, *Scary Monsters*, der Vorgänger von *Let's Dance*, sogar Platz 1).

Ein Popstar war Bowie schon immer. Interessanter als die Aussage, dass wir den »echten Bowie« in den 1980ern schon wieder nicht vor Augen haben, ist somit die Frage, welche Echtheitsdarbietungen eigentlich in der Lage sind, real zu werden. Man darf vermuten, dass es für den betroffenen Künstler eben doch einen Unterschied macht, ob er Gesundheit oder Wahnsinn spielt. So mag die Heiterkeit, die Bowie im Anschluss an die Berliner Zeit regelmäßig auf Konzerten und in Interviews zur Schau stellt, mehr sein als nur kalkulierte Show. Ganz zu schweigen vom wirklichen Vatersein, das er zeitlebens selten thematisierte, wenig besang (ein einziges Lied auf *Hunky Dory*, »Kooks«, handelt von seinem neugeborenen Sohn, kein Lied ähnlich freimütig von seiner 2000 geborenen Tochter), aber offenbar ausgesprochen ernst nahm.

Tatsächlich ist in mehreren Erinnerungen von Freunden und Mitarbeitern zu lesen, dass Bowie abseits öffentlicher Auftritte schon in Londoner Tagen vor allem eines war: äußerst höflich. Tony Visconti hat hierfür eine interessante Erklärung: Bowies gute Manieren seien Ausdruck seiner »britishness« (Visconti selbst ist Amerikaner). Auf die gemeinsame Arbeit in Berlin zurückblickend, kommt Visconti damit zu einer widersprüchlichen Diagnose: Bowie habe in Berlin eine

»sehr glückliche Zeit« verbracht – er sei immer liebenswürdig gewesen –, doch trotzdem habe Visconti ständig Angst gehabt, dass er sich etwas antun könne. In anderen Erinnerungen ist viel von Tränen in einsamen Berliner Eckkneipen die Rede. Folgt man Visconti, so liegt die Vermutung nahe, dass Bowies aufgeräumtes Äußeres nach *Scary Monsters* einer inneren Re-Britifizierung gleichkommt. Es ist, als ob nach all den Fremdwelten wenigstens im Umgangston ein fantastisches Heimatgefühl hergestellt werden soll.

So oder so zeitigt Bowies neue Freundlichkeit in den 1980er und 1990er Jahren erstaunliche Resultate. Aufschlussreich ist in diesem Zusammenhang ein Interview, das er 1994 für die Zeitschrift *Modern Painters* mit dem Maler Balthus führte. Anders als im 1973er Gespräch mit Burroughs, das von beiden Teilnehmern offensiv zur Selbststilisierung genutzt wurde, tritt Bowie hier als zurückhaltender, fast devoter, dabei hochgebildeter Fragensteller auf. Ein leichter Hang zum Namedropping wird durch sein auffällig uneitles Benehmen wettgemacht. Man erblickt einen bis ins feinste Detail der Phrasierung kultivierten Gentleman. Selbiger spricht besonders nachdenklich, als die Rede auf Marlon Brando und die Tragödie seiner letzten Jahre kommt: Das Thema rührt Bowie merkbar an, denn Brando ist natürlich der Künstler, der mit wachsendem Ruhm immer verächtlicher auf sein unfassbares Talent blickte (und dann wenigstens seiner Schönheit entkam).

So sinniert Bowie über Brandos »Würde«, seinerseits einen würdevollen Konversationsstil pflegend. Die Achtung, die er seinem Gesprächspartner dabei entgegenbringt, ist geradezu viktorianisch; formvollendet bedankt er sich bei Balthus für kleinste Aufmerksamkeiten. Bowie widerspricht nicht einmal, als sich Balthus abfällig über Warhol äußert – jener habe »nicht geschaut« –, sondern bietet nur einen beiläufigen Gedanken zur Erklärung an: Vielleicht habe er ja geschaut, wie andere auf ihn schauen. Und möglicherweise tut Bowie das in diesem Moment selbst und ebenso in allen weiteren Interviews, die er in den nächsten Jahren mit bildenden Künstlern führt, bis ihm auch dieses Genre langweilig wird. (Er spricht u. a. mit Damien Hirst, Alexander McQueen, Tony Oursler, Yoko Ono, Roy Lichtenstein, Tracy Emin und Julian Schnabel; daneben verfasst er eine Handvoll Kunstrezensionen.)

Balthus' höflicher Gesprächspartner ist derselbe, der Mitte der 1970er Jahre mit Iggy Pop im Kokainrausch Autos zu Schrott fährt und sich 1979 in einem Londoner Restaurant mit Lou Reed prügelt. Das lässt es 1994 aber nicht als falsche Geste erscheinen, wenn er den angebotenen Whisky ausschlägt: Nein, er trinke nicht mehr, und das Flugzeug gehe schon in aller Frühe, er müsse noch seine »paar Habseligkeiten« (»my few things«) zusammenpacken. Die Romanfigur, als die Bowie hier auftritt, ist bestechend sympathisch – und das wohl zuallererst ihm selbst, der so lange riskanten Gestalten gefolgt war (und nun so tut, als sei Balthus keine solche).

Kein Wunder, dass ihm der Übergang in die 1980er Jahre so gut gelang. Die demonstrative Sauberkeit, die weite Teile der Unterhaltungskultur in den großen Popjahren 1982 und 1983 prägte, war eben auch ein Hangover-Phänomen: eine geradezu körperliche Abwehrreaktion gegen die Folgewirkungen langjähriger geschmacklicher Ausschweifungen. Bei Bowie kam eine offenbar tief verwurzelte Sehnsucht nach Naivität hinzu – nach Vereinfachung, Unbedarftheit, Kindlichkeit –, die seinen Hang zu barocker Dekadenz von Anfang an begleitet hatte. Nirgends zeigt sich das deutlicher als in der widersprüchlichen Art, wie er in Text und Bild mit Sexualität umgeht.

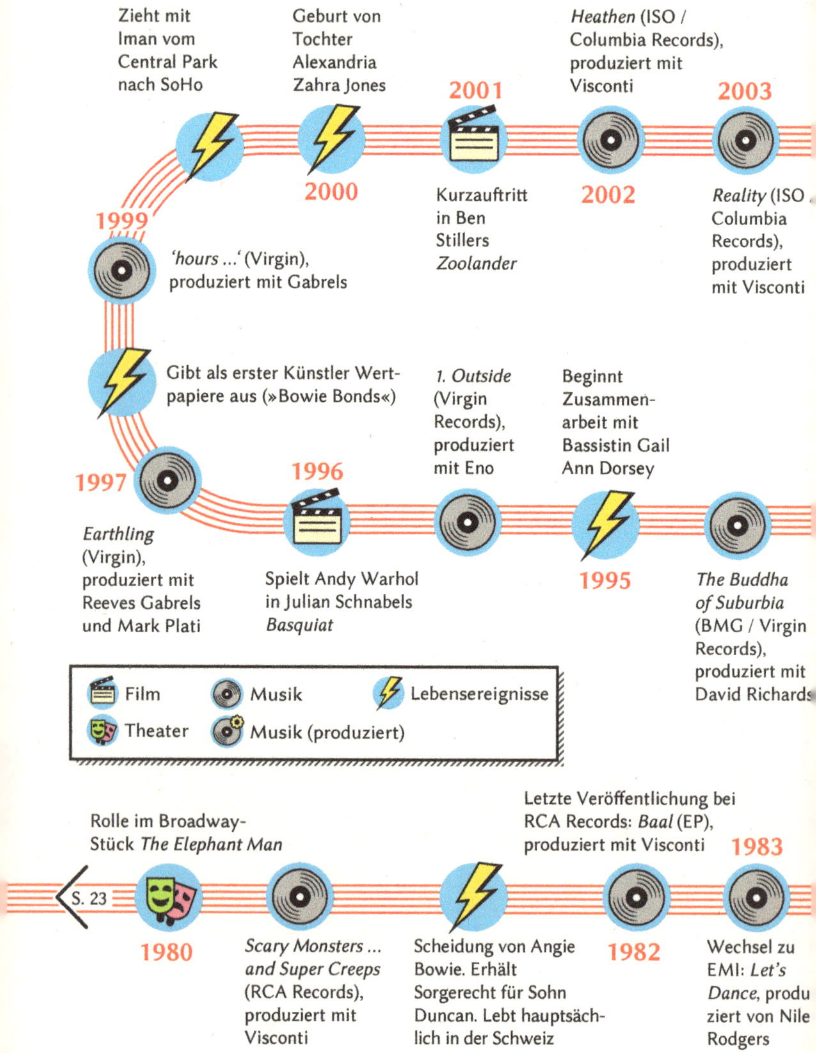

S. 23
1980
Rolle im Broadway-Stück *The Elephant Man*
Scary Monsters … and Super Creeps (RCA Records), produziert mit Visconti
Scheidung von Angie Bowie. Erhält Sorgerecht für Sohn Duncan. Lebt hauptsächlich in der Schweiz
1982
Letzte Veröffentlichung bei RCA Records: *Baal* (EP), produziert mit Visconti
1983
Wechsel zu EMI: *Let's Dance*, produ ziert von Nile Rodgers
The Buddha of Suburbia (BMG / Virgin Records), produziert mit David Richards
1995
Beginnt Zusammenarbeit mit Bassistin Gail Ann Dorsey
1. Outside (Virgin Records), produziert mit Eno
1996
Spielt Andy Warhol in Julian Schnabels *Basquiat*
1997
Earthling (Virgin), produziert mit Reeves Gabrels und Mark Plati
Gibt als erster Künstler Wertpapiere aus (»Bowie Bonds«)
1999
'hours …' (Virgin), produziert mit Gabrels
Zieht mit Iman vom Central Park nach SoHo
2000
Geburt von Tochter Alexandria Zahra Jones
2001
Kurzauftritt in Ben Stillers *Zoolander*
2002
Heathen (ISO / Columbia Records), produziert mit Visconti
2003
Reality (ISO Columbia Records), produziert mit Visconti
Film
Musik
Lebensereignisse
Theater
Musik (produziert)

2004
Herzinfarkt bei einem Konzert

2006
Spielt Nikola Tesla in Christopher Nolans *The Prestige*

2013
The Next Day (ISO / Columbia Records), produziert mit Visconti

2015
Mit Enda Walsh Off-Broadway-Stück *Lazarus*

2016
Blackstar (ISO / Columbia Records), produziert mit Visconti

Zwei Tage nach seinem 69. Geburtstag erscheint sein letztes Album. David Jones stirbt am 10. Januar 2016 an Krebs

Black Tie White Noise (Savage Music), produziert mit Nile Rodgers

1993
Heiratet Iman Abdulmajid

Zieht mit Iman Abdulmajid nach New York (Central Park South)

1992
Spielt Phillip Jeffries in David Lynchs *Twin Peaks: Fire Walk with Me*

1991
Tin Machine II (Victory Music), produziert mit Palmer und Padgham

1989
Letzte EMI-Veröffentlichung: *Tin Machine*, produziert mit Tim Palmer: Album der gleichnamigen Rockband (1989–1992), in der Bowie spielte

1988
Spielt Pontius Pilatus in Martin Scorseses *The Last Temptation of Christ*

1987
Never Let Me Down (EMI), produziert mit David Richards

Produziert *Blah Blah Blah* für Iggy Pop

1986
Rollen in Jim Hensons *Labyrinth* und Julien Temples *Absolute Beginners*

1984
Tonight (EMI), produziert mit Derek Bramble und Hugh Padgham

Hauptrollen in Nagisa Oshimas *Merry Christmas, Mr. Lawrence* und Tony Scotts *The Hunger*

Dabei muss man unterscheiden (weil Bowie selbst es tut) zwischen Sex als theatralischem Konzept und Sex als echter körperlicher Zusammenkunft. Auf der Ebene ihrer audio-visuellen Darbietung ist Bowies Kunst hypersexualisiert. Vor allem die Platten und Konzerte zwischen *The Man Who Sold the World* und *Diamond Dogs* ergehen sich förmlich in karnevalesken, bald auch bedrohlichen Geschlechterinszenierungen. Outfits entblößen die Brust oder den Hintern, Bühnenposen stellen Sexualakte nach, Geschlechtsteile zeichnen sich in hautengen Hosen ab – oder sie müssen wegretuschiert werden, wie auf dem berühmten *Diamond Dogs*-Cover von Guy Peellaert, das Bowie halb als Mensch, halb als Hund zeigt; ein ähnlicher Eingriff wird 1991 für das Cover von *Tin Machine II* notwendig, und im Video zu »Blackstar« ist 2015 kurz die Erektion eines vermummten Nebendarstellers zu sehen. Aggressive Vitalität allenthalben, deren subversiver Reiz vor allem in der Aufhebung strikter Geschlechterzuweisungen liegt.

»You've got your mother in a whirl / She's not sure if you're a boy or a girl«, singt Bowie in »Rebel Rebel« und posiert für *The Man Who Sold the World* und *Hunky Dory* lasziv in Frauenkleidern (bzw. in »man dresses«). Später sind seine pansexuellen Inszenierungen zwar oft maskulin geerdet (für Glam-Rock-Auftritte bevorzugt er femininen Drag, der zugleich seine Männlichkeit akzentuiert: »well-hung and snow-white tan«*, wie es in »Ziggy Stardust« heißt). In letzter Konsequenz aber tendieren all diese Hybridisierungen zur Geschlechtslosigkeit. Der ultimative Zielpunkt der sich überbietenden Zwitter-Aufführungen – gut bestückte Weiblichkeit und samtene Männlichkeit (das für *Ziggy Star-*

* »ordentlich was in der Hose und schneeweiße Sonnenbräune«

dust verworfene Stück »Velvet Goldmine« handelt von einer Vulva) – ist die Sexualität des Neutrums: der Wunsch, sächlich zu werden, ein »pretty thing«.

Entsprechend sehen wir Bowie auf der Innenseite des Klappcovers von *Aladdin Sane* als genitalloses Fabelwesen. Sein nackter Körper fließt unterhalb der Brust in die silberne Glätte eines metallischen Rumpfes auf schlanken, muskulösen, aber irgendwie nicht mehr menschlichen Beinen: eine kontaktlose, selbstgenügsame und doch verführerische Gestalt, auf deren Hollywood-Vorbilder Camille Paglia hingewiesen hat. Wie Pauline Kael anmerkte, tritt derselbe Effekt in *The Man Who Fell to Earth* ein, als Bowie sich im Film entkleidet und den Körper eines Außerirdischen zeigt. Komplett nackt und doch frei von jeglicher Geschlechtsdifferenzierung steht er vor uns. Kael erkennt hierin die Erotik der Impotenz, Bowie als »lesbische Christusfigur«, deren »kreidige Blässe« sogar noch die Zeugungsunfähigkeit sexy aussehen lässt. Aus Bowies Sicht waren diese Bilder gültige Repräsentationen seines Künstler-Ichs, denn *The Man Who Fell to Earth* betrachtete er als einen Schlüsseltext des eigenen Schaffens. (Diverse Folgewerke zitieren den Stoff: Die Plattenumschläge von *Station to Station* und *Low* zeigen Fotos aus Roegs Film, und Bowies Off-Broadway-Stück *Lazarus* (2015) variiert Walter Tevis' Romanvorlage, unter freilich irritierender Beimischung eines Balthus'schen Motivrepertoires.)

Das ist das eine: Bowies Theater der Sexualität. Anders verhält es sich, wenn in seinen Songs von echten körperlichen Berührungen – und häufiger von deren Ausbleiben – die Rede ist. Auf Ebene der Textgestaltung nämlich ist Bowies Musik bemerkenswert frei von sexueller Ekstase. In »Suffragette City« (*Ziggy Stardust*) findet sich zwar ein »Wham Bam Thank

You Ma'm!«, aber ansonsten gibt es Phallisches allenfalls zu *sehen* – und auch das nur, wenn Bowie in betont überspitzter Verkleidung auftritt, etwa auf dem Backcover von *Ziggy Stardust*, im Artwork zu *Diamond Dogs* oder in den legendären Beinkleidern des Jim Henson-Films *Labyrinth* (*Die Reise ins Labyrinth*, 1986).

In der lyrisch-stimmlichen Bearbeitung dagegen rückt spätestens mit »Young Americans« die profane Seite des Sexualaktes in den Vordergrund: »took him minutes, took her nowhere.«* Ein Höhepunkt dieser Entwicklung findet sich im Song »Repetition« (*Lodger*), der ein komplett hoffnungsloses Bild ehelicher Sexualökonomie zeichnet. Häusliche Gewalt ist ohnehin ein ungewöhnliches Thema für einen Popsong (Lou Reeds »Caroline Says« von 1973 mag Pate gestanden haben); noch ungewöhnlicher ist es, in drei Minuten die banale Alltäglichkeit häuslicher Gewalt herauszustellen. So nimmt »Repetition« eine geradezu systemische Perspektive auf das besungene Ehepaar ein. Zwar lässt der Song keinen Zweifel daran, wo er sich selbst verortet – »Don't hit her«, entfährt es dem Erzähler an einer Stelle –, aber insgesamt spricht das Lied aus einer Position anklageloser Neutralität. So entsteht eine bestürzende Miniatur fatal ineinander verstrickter Begierden und Ressentiments:

* »er brauchte Minuten dafür, sie hatte nichts davon.«

… the bruises won't show
If she wears long sleeves
But the space in her eyes shows through
And he could have married Anne with the blue silk blouse
He could have married Anne with the blue silk blouse

That shows through
That shows through
That shows through.*

* »Wenn sie lange Ärmel trägt, wird man die blauen Flecken nicht sehen. Aber die Leere in ihren Augen scheint durch. Und er hätte Anne mit der blauen Seidenbluse heiraten können – die durchscheint.«

Das Szenario verhängnisvoller Asymmetrie, das hier als Alltagshorrorfilm durchgespielt wird, bestimmt in unterschiedlichen, auch deutlich helleren Varianten viele Liebeslieder Bowies aus den 1970er Jahren. Sex existiert dabei im Wesentlichen als grandiose Unwirklichkeit, entweder in Form eines nervösen Versprechens, das zu permanenter Unsicherheit Anlass gibt (»Word on a Wing«, »Stay«), oder in Form einer Fantasie von Erfüllung, die nur schmerzhaft übersteigert denkbar ist (letzteres oft bei Coverversionen, z. B. »Wild Is the Wind«).

In den 1980er Jahren kommt eine dritte Variante hinzu, über die gleich zu reden sein wird. Zunächst aber sei erwähnt, dass Bowies verzweifelste Liebeslieder ausgerechnet auf dem Album zu finden sind, das wegen seiner performativen Umsetzung als sein kältestes gilt: *Station to Station*. Hier, wo er angeblich als emotionslos entrückter Übermensch auftritt, ist seine Stimme am gequältesten, vor allem beim Schlussstück der ersten Seite, »Word on a Wing«. Der Song beginnt im ruhigen Berichtston: Erzählt wird von der beginnenden Liebe zu einem anderen Menschen. Dabei bleibt offen, ob diese Liebe wirklich stattfindet oder nur herbeigewünscht wird. Eigentlich ist nicht einmal klar, ob der Erzähler einen Menschen oder nicht vielleicht doch einen Gott anspricht, denn rasch steigert sich das Lied zu einem gebetsartigen Hilfeschrei:

> Lord I kneel and offer you my word on a wing
> And I'm trying hard to fit among your scheme of things …
> Lord, Lord my prayer flies like a word on a wing
> Does my prayer fit in with your scheme of things?

Bowie niederkniend, angstvoll deklamierend »I don't stand in my own light«: Einerseits drückt sich hier ein Verlangen nach Erlösung aus, das nach Bowies Umzug in die USA immer dringlicher wurde, bevor es seinen transzendenten Bezugspunkt in Berlin verlor (nicht aber das Vertrauen auf die emotive Kraft religiöser Inszenierung: Im April 1992 fällt Bowie auf dem Freddie Mercury Tribute Concert for Aids Awareness buchstäblich auf die Knie und rezitiert das Vaterunser für einen sterbenden Freund). Andererseits ist in Bowies Gottesanrufungen bereits auf *Station to Station* der Wunsch nach weltlichen Adressaten deutlich vernehmbar. Sein vielfach dokumentiertes Unbehagen an »sozialen Kontakten« äußert sich eben nicht nur in der enormen Theatralik öffentlicher Masken, sondern auch in der Hoffnung auf die *eine* Person, mit der sich eine echte Verbindung abseits aller äußeren Zwänge herstellen ließe: eine Retterin. In den Worten des Titelsongs von *Station to Station*: »Got to keep searching and searching / And oh what will I be believing and who will connect me with love?«

Das körperliche Ausbleiben der Retterin (»wonder who wonder who wonder when«) befeuert natürlich den wunscherfüllenden Glauben an eine stattdessen rettende spirituelle Präsenz – und in einigen Zeilen gibt »Word on a Wing« derselben Vermutung Ausdruck (»Just because I believe / Don't mean I don't think as well / … / And I still care for myself«). Bei aller religiösen Bedürftigkeit lässt das den Song wie eine Vorstudie zu »Warszawa« erscheinen. Damit weiß Bowies Liebe aber nie zu sagen, wo sie eigentlich herkommt oder welchen Körperkonstellationen sie sich verdankt. Fast im Ausschlussverfahren singt er in »Station to Station«: »It's not the side effects of the cocaine / I'm thinking that it must be love.«

Die Liebe als innerweltliches, unaufhebbar physisches Phänomen, ständig dazu verdammt, sich selbst zu misstrauen: In diesem Sinn handelt auch das vorletzte Stück des Albums davon, was Ich und Du leibhaftig auseinanderhält. In Umkehrung des Rock'n'Roll-Klischees synchroner Begierde (das schon in »Young Americans« in seine Einzelteile zerlegt wurde: »I want what you want / … / You want me, I want you, you want I, I want you, want«) dramatisiert »Stay« die Lähmung, die sich aus der Ungleichzeitigkeit körperlicher Zuneigung ergibt:

> Stay, that's what I meant to say or do something
> But what I never say is stay this time
> I really meant to so bad this time
> Cause you can never really tell when somebody
> Wants something you want too.*

* »Bleib – das ist's, was ich sagen wollte. Aber was ich nie sage, ist: bleib dieses Mal. Ich wollte es so sehr dieses Mal. Denn man kann nie wirklich wissen, ob jemand etwas will, was man auch will.«

Welche Worte, Blicke, Berührungen können mit Entgegnung rechnen? Eine alles entscheidende Frage, die in »Stay« deshalb unbeantwortet bleibt, weil die Erfahrung einseitiger Gleichgültigkeit wohl schlimmer wäre als die Möglichkeit gegenseitiger Verschämtheit. Vielleicht ahnen die beiden Nichtliebenden auch, dass Vollzug ihre Kontaktlosigkeit nur verlängern würde, im schlechtesten Fall bis in die destruktiven Verstrickungen hinein, von denen »Repetition« erzählt.

»You can never really tell«: Auf den ersten Blick passt solche Unsicherheit schlecht zu Bowies durchsexualisierter Körperkunst. In wirklich geliebter Liebe aber schließen sich Scheu und Leidenschaft selten aus. »I've loved all I've needed love«, singt Bowie in »Ashes to Ashes«, pünktlich zu Beginn seines zweiten Jahrzehnts als Popstar (vielleicht in Fortsetzung des *Ziggy Stardust*-Stückes »Soul Love«: »All I have is my love of love / And love is not loving«). Tatsächlich entwickelt er in den 1980er Jahren einen weiteren Typus von Liebeslied, in dem sich vor allem sein aktuelles Streben nach *reality* artikuliert. Songs wie »Absolute Beginners« (1986) und »Never Let Me Down« (*Never Let Me Down*, 1987) erzählen nun von radikal unschuldiger Zweisamkeit, von der kindlichen Verschwörung zweier Liebender gegen die Zumutungen einer bedrohlichen Außenwelt.

Eigentlich kennt man das schon aus »Heroes«, doch dort wurde das romantische Szenario noch tragisch überhöht (»Though nothing will keep us together / We can beat them just for one day«). Im Unterschied hierzu trägt Bowie »Never Let Me Down« mit fast infantiler Stimme vor: Zehn Jahre nach »Heroes« zelebriert dieser vergessene Song (dessen Mundharmonika-Linie in Bowies letztem Lied auf *Blackstar*, »I Can't Give Everything Away«, noch einmal anklingt) die Verlässlichkeit naiver Hingabe erst in der dritten, dann in der ersten Person (»She danced her little dance till it made me cry / She was shakin' like this, honey, doing that«; »I'll dance a little dance till it makes you smile / Shaking like this, honey, doing that«). »Absolute Beginners« wiederum, eines von Bowies Lieblingsliedern, zeichnet das Bild einer Liebe, die deshalb wahr und gesund (»sane«) ist, weil sie voraussetzungslos wie die Begegnung zweier Unschuldiger stattfindet:

I've nothing much to offer
There's nothing much to take
I'm an absolute beginner
But I'm absolutely sane.
As long as we're together
The rest can go to hell
I absolutely love you
But we're absolute beginners
With eyes completely open
But nervous all the same.

Es ist die Utopie eines Zusammenseins, das unbegehrlich, unberechnend, unsublimiert und trotzdem physisch lebbar und erfüllend wäre. Jedenfalls für einen kurzen Moment, denn Absolutes ist bei Bowie nur für die Dauer seiner Inszenierung zu haben: »just for one day«, wie es in »Heroes« heißt, oder »as long as …«, wie er 1986 und dann wieder 2013 singt: »As long as you're still smiling / There's nothing more I need / I absolutely love you« (»Absolute Beginners«); »As long as there's me / As long as there's you« (»Where Are We Now?«).

So bietet Bowies Musik reichlich Platz für homo-, bi-, trans-, pan- und ambisexuelle Identitäten, doch Sex selbst – der Akt körperlicher Vereinigung – bleibt fortgesetzt fragwürdig. Keine Hymnen auf standhaft durchliebte Nächte gibt es hier, keinen Schweiß und kein Fieber, kein Lob des Testosteron trotz aller E-Gitarren, kein Dahinschwinden und kein Überwältigen, keinen Schwächerausch und keine Durchhalteparolen, keine Amour fou, kein Stalking. Wo blutiges Begehren stattfindet, geschieht dies als graues Familiendrama (»Repetition«), in der gebrochenen Form des Kunstliedes (»Please Mr. Gravedigger«, »I Have Not Been to Oxford Town«, »Sue (Or in a Season of Crime)«) oder in verstörender Rollenprosa (im Theaterstück *Lazarus*), nie aber im scheußlichen Bluesduktus mörderischer Eifersucht.

Selbst die großen heterosexualisierten Hits des Jahres 1983 finden thematisch nicht in den Mainstream: »Modern Love« ist ein Lied über Bindungsangst, »Let's Dance« spricht im Konjunktiv (»my love for you / Would break my heart in two / If you should fall / Into my arms / And tremble like a flower«; in ähnlicher Weise setzte »Heroes« seinen Titelbegriff in Anführungszeichen) und in »China Girl«, der Coverversion eines Iggy-Pop-Songs von *The Idiot*, hören wir offenbar die Stimme eines Zuhälters – was den zeitgenössischen Charts ihre vielleicht bizarrsten Lyrics bescherte (»I stumble into town / Just like a sacred cow / Visions of swastikas in my head / Plans for everyone / It's in the white of my eyes«).

Kein Wunder, dass ekstatische Körperbegegnungen in diesen Songs so selten sind. Zwar wird in Bowies Welt viel geküsst – angefangen mit »Five Years«: »I kiss you, you're beautiful, I want you to walk« –, aber der leidenschaftliche Kuss bleibt die Ausnahme. Möglicherweise taucht er nur im Video zu »China Girl« und – kontrapunktisch eingesetzt – in Barnaby Ropers atemberaubendem zehnminütigen Video zu »Love Is Lost (Hello Steve Reich Remix)« von 2013 auf. Daneben gibt es eine Handvoll perverse und verbotene Küsse (Bowies Zungenkuss mit einem Totenschädel auf der *Diamond Dogs*-Tour; der fatale Kuss für Ryuichi Sakamoto in Nagisa Oshimas Kinofilm *Merry Christmas, Mr. Lawrence*, 1983). Doch davon abgesehen findet liebevoller Körperkontakt bei Bowie vor allem als unverhoffte Epiphanie statt: Der Kuss stellt momentane Wahrheit im Unwahren her (»Heroes«), überrascht einen passiven Empfänger mit verloren geglaubter Zärtlichkeit (im Video zu »Thursday's Child«) oder haucht wie ein Nachtmahr geisterhaftes Leben ein (im Video zu »The Stars (Are Out Tonight)«).

Seit dem Album *'hours…'* (1999) richten sich solche Heimsuchungen bevorzugt auf Bowies eigenen alternden Körper. Handgreiflich wird das Künstler-Ich jetzt *als* Künstler-Ich von der eigenen Vergangenheit berührt: von dem, was es selbst gewesen zu sein glaubt. Man könnte meinen, ein Spätwerk zu sehen.

»Pretty soon now you're gonna get older«: Bowie und die Ästhetik des Neuerscheinens

> »And the next day and the next and another day.«
> David Bowie

Jede Betrachtung von Kunst steht vor der Herausforderung, dass Kunst sich ihrerseits beim Betrachtet-Werden zuschaut. Der Begriff der Selbstreferenz scheint zu schwach für diese Sachlage, ließe sich aus ihm doch auch auf die Existenz eines fertigen Objektes schließen, das man nun aus gesicherter Außenposition »lesen« kann. Was wir aber im professionellen Sinn als Lektüren bezeichnen, sind ihrer ganzen materiellen und pragmatischen Realität nach Beschreibungen. So sind Rezeptionen immer auch Produktionen: von Texten, Bildern, Gefühlslagen. Als solche fließen Lektüren und Rezeptionen zurück in die Handlungsketten, die Kunstwerke überhaupt erst ermöglichen. Anders ausgedrückt: Interpretationen folgen nicht einfach auf die interpretierten Dinge (Lieder, Bilder), sondern sie sind an der Selbsteinschätzung von Kunst beteiligt. Beschreibungen von Werken sind Teil der Herstellung von Werken: Diese Sichtweise unterscheidet kulturanalytische von werkanalytischen Betrachtungen; letztere handeln eher im Dienst ästhetischer Selbstbehauptung, nicht zuletzt darin, dass sie die Existenz des Werkes *als* Werk akzeptieren. Für den Genuss von Kunst – auch für ihre institutionelle Fortsetzung – ist das eine hilfreiche Haltung.

In der Populärkultur liegen die Dinge ähnlich, sind aber oft schwerer auseinanderzuhalten. Eigentlich handelt es sich beim Pop ja um eine Ästhetik, die im Gegensatz zur selbstbeschriebenen Kunst ihre kommerzielle Herkunft nicht verbirgt oder umwertet, sondern unverschämt ausstellt. Zu interessanten kulturellen Überlagerungen führt das dann, wenn Pop-Ästhetik als Werk-Ästhetik etabliert werden soll, sei es von akademisch sozialisierten Fans, sei es von sich selbst. Auch das »Gesamtwerk« David Bowies zieht einen Großteil seiner ästhetischen Überzeugungskraft – und jede Menge kreativer Energien – aus solchen (Selbst-)Transformationsprozessen, hierin dem Œuvre Bob Dylans oder der Kulturgeschichte des Jazz verwandt. Dass wir in diesen Fällen nämlich überhaupt so etwas wie Gesamtwerke erkennen, verdankt sich einem laufenden Feedback von Selbst- und Fremdbeschreibungen, die stets auf Namen und Titel fokussieren (statt z. B. auf Baustoffe, Vertriebsagenturen oder Verpackungsgrößen). Kommerzielle Kunst unterscheidet sich in diesem Punkt kaum vom bürgerlichen Kulturbetrieb; allerdings bleibt Medienstars deutlich weniger Zeit als traditionell Kulturschaffenden, die eigenen Aktivitäten und Hervorbringungen auf eine kanonisierte Zukunft hin zu entwerfen. Weil große Pop-Œuvres unter anderen temporalen Bedingungen als die meisten bildungskulturell abgesicherten Lebenswerke entstehen, existieren sie meist auch ausdrücklicher als diese in Form von Serien aus

Selbstrückblicken: als wiederholt ergebnisoffene (also evolutionäre) Umgruppierungen einer ständig neu aufgelegten Vergangenheit.

So wird das Werk zum Material für die Fortsetzung des Werkes. Auch bei David Bowie ist das so. Und das zunehmend bewusst: *Scary Monsters* ist die erste Platte, die den Gestus des Stilbruches ausdrücklich über die Abwandlung vorangegangener Arbeiten vollzieht: »Ashes to Ashes« liefert eine Neuauflage des Hits »Space Oddity« in Form einer *Deutung* des älteren Songs, und das Backcover des Albums zeigt die mit weißer Farbe überpinselten Umschlagbilder früherer Platten (in Vorwegnahme von Jonathan Barnbrooks Design für *The Next Day*, wo das Cover von *"Heroes"* zugleich reproduziert und annulliert wird). Das Video zu »Ashes to Ashes« wiederum stellt ein Motiv nach, das bereits 1969 auf dem Backcover von *David Bowie* zu sehen war (ein Pierrot mit alter Frau im Arm).

Generell entwickeln Bowies Videos früh ein umfängliches Repertoire an Gebärden und Bewegungen, die dann über Jahrzehnte hinweg wiederholt und abgeändert werden – und das umso einfallsreicher, je mehr sie sich dabei beobachtet und erkannt fühlen. Das reicht vom Abwischen der Lippen mit dem Handrücken (eindrücklich in »Boys Keep Swinging«; die Geste taucht u. a. wieder in »Jump They Say« auf) über die Berührung des Bodens mit bogenförmig ausgestrecktem Arm (in »Ashes to Ashes« und danach vielfach variiert in späteren Clips) bis zum resignierten Aufblasen der Backen und der Projektion des Gesichtes auf eine Maske (1997 in »I Can't Read«, dann mit großer Wirkung in »Where Are We Now?« und »Love Is Lost«; die Ursprungsidee für die Puppen-Mensch-Kreuzung geht wahrscheinlich auf Bowies skurrilen *Saturday Night Live*-Auftritt im Jahr 1979 mit »Boys Keep Swinging« zurück).

Der Listung weiterer Korrespondenzen sind keine Grenzen gesetzt. Überhaupt scheint das Aufspüren von Selbstverweisen einen Hauptreiz zahlreicher Bowie-Besprechungen auszumachen. Man darf davon ausgehen, dass die ästhetische Praxis hiervon nicht unberührt bleibt, handelt es sich bei kryptographischen Pop-Lektüren (die z. B. Plattencover wie Geheimbotschaften entschlüsseln) doch ihrerseits um vornehmlich ästhetische Gebilde. Möglicherweise hängt sogar der zentrale Status von Terry Burns in Bowies Werk mit dessen häufiger hermeneutischer Aktivierung zusammen. Eigentlich wissen wir nur aus Deutungen und Interviews, dass »All the Madmen« und »The Bewlay Brothers« von Bowies Halbbruder handeln; die Songs selbst geben das nicht an. Wohl aber schlägt sich der Erfolg solcher Beschreibungen in der musikalischen, visuellen und (selbst)interpretativen Gestaltung von Folgesongs wie »Jump They Say« nieder. Dabei spielt es keine Rolle, ob der Künstler David Bowie tatsächlich liest, was über ihn geschrieben wird, oder ob er sich an jede seiner Selbstaussagen erinnert. Da kommerzielle Popkunst ohnehin auf weitläufige Arbeitsteilungen angewiesen ist, können diese Dinge auch über andere, weniger personalisierte Wege in den Produktionsprozess einfließen.

All die wiederkehrenden Signale, Analogien, Zitate usw. in Bowies audio-visuellen Arbeiten haben somit eine ausgewählte Funktion: Sie übernehmen und mobilisieren Anschlusskommunikationen, in denen das Werk sich selbst als Werk erkennen kann. Wie die Filme Stanley Kubricks – und wahrscheinlich von diesen inspiriert – markieren Bowies Alben und Videos unentwegt ihre Zugehörigkeit zu einem größeren Ganzen, recht früh sogar im komplexen Duktus retrospektiver Prophetie (wenn z. B. in jedem Kubrick-Film eine Szene bereits auf den nächsten, zu diesem Zeitpunkt möglicherweise noch gar nicht geplanten Film anspielt; ähnliche Korrespondenzen lassen sich für Bowies Alben entdecken). In beiden Fällen haben wir es offenbar weniger mit werkartigen Vorausschauen als mit seriellen Rückverweisen zu tun. Dabei beweist das pure Faktum hoher Verweisungsdichte zunächst einmal gar nichts, hat für sich genommen keinen semantischen oder irgendwie philosophischen Wert, schafft aber einen unbedingt ausbaufähigen Effekt von Selbstähnlichkeit, ohne den Werkganzheit weder für Künstler noch Publikum erfahrbar wäre.

Die Errichtung von Werken aus seriellen Versatzstücken, die schon in kleinster Aufrufung eine fast mythische Aussagekraft entfalten, ist gewinnbringend im doppelten Sinn: als ästhetische und als ökonomische Strategie. So ist es nur ein kleiner Schritt vom Backcover von *Scary Monsters* zur Vittel-Werbung des Jahres 2003, in der Bowie beim Gang durch sein Haus einer Reihe von ehemaligen Masken, Personae und Rollen begegnet (»chaque jour une nouvelle vie«*). Eigentlich ist dieser Werbespot nichts anderes als ein kommerzielles Cut-Up. Dergestalt dient er aber auch als – konzeptioneller, narrativer, visueller – Ausgangspunkt für die ernsteren, dabei ebenfalls käuflichen Selbstreflexionen in den Videoclips zu »The Stars (Are Out Tonight)« und »Love Is Lost« (und geht seinerseits auf einen nie veröffentlichten Videoclip zu »The Pretty Things Are Going to Hell« aus dem Jahr 1999 zurück, in dem Bowie von Doppelgängern aus seiner Vergangenheit heimgesucht wird).

* »Jeden Tag ein neues Leben«

Bei anderen Musikern rufen solche Werbeauftritte mitunter heftige Kritik hervor, was wohl darauf hinweist, dass sich die betroffenen Fans nicht als Fans eines Popstars verstehen wollen. Bei Bowie hingegen hat der Akt kommerzieller Selbstplünderung eine bestechende Schlüssigkeit: Immerhin begann er seine Karriere als Warhol-Schüler und grenzte sich mit Ziggy Stardust explizit gegen zeitgenössische Hippie-Vorstellungen einer nichtgewerblichen Rockkultur ab (»Star«: »I could do with the money«). In den 1990er Jahren war er dann der erste Musiker, der das Internet gezielt zu Promotions- und Vertriebszwecken nutzte; 1997 ging er sogar mit sich selbst als Produkt an die Börse (Bowie Bonds).

Materialausbeute, in allen Bedeutungen des Wortes, ist ein Schlüsselverfahren seiner Arbeit. So dürfte es auch nur wenige Künstler geben, die derart viele Reissues ihrer Alben in stets neuer Abmischung oder im Rahmen dieser oder jener »Special Edition« herausgebracht haben. Bob Dylans Bootleg Series bietet sich als Vergleich an, weil laufende Selbstvermarktung hier wie da mit werkhafter Kanonbildung einhergeht. Allerdings ist der Unterschied in der ästhetischen Praxis bedeutsam: Wo Dylan eine Ästhetik des tiefen Archivs betreibt, entwickelt Bowie eine Ästhetik des Neuerscheinens.

Schon die Betonung des *Auftritts* als Grundelement populärkultureller Produktion verweist auf Bowies Interesse an Fragen der Gegenwart und Abwesenheit (eher denn des Suchens, Findens und Aufbewahrens). Gelungen praktiziert, erzeugt der Auftritt ein scharf umgrenztes Hervortreten: die raumgreifende und zeitfüllende Anwesenheit von etwas, das vorher so nicht zu sehen war und das während seiner Dauer genau dies zum Ausdruck bringt. Deshalb verlangt auch jeder Auftritt nach einem Abgang. Erst das schon im Erscheinen nahegelegte schlussendliche Verschwinden erlaubt, die Epiphanie zu dehnen, also: den zauberhaften Moment in eine Ab-

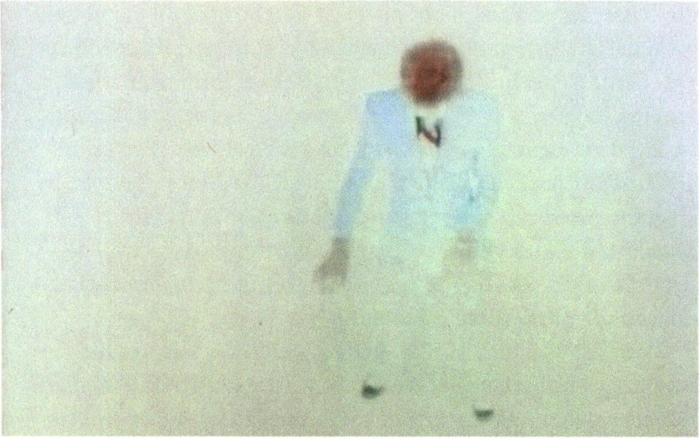

links: Szene aus dem Musikvideo *Life on Mars* (Jones/Tintoretto Entertainment); rechts: Szene aus dem Musikvideo *"Heroes"* (Jones/Tintoretto Entertainment).

lauflogik zu stellen. In eben diesem Sinn trägt die Platzierung von »Rock'n'Roll Suicide« am Ende des *Ziggy Stardust*-Albums mehr zur emotionalen Fülle – zur Ausbreitung – der hier geschaffenen Pop-Welt bei als jeder lückenlos gespannte Erzählbogen das könnte.

Es sollte nicht der einzige Rock'n'Roll Suicide bleiben. Bowies Karriere lässt sich als eine Reihe von Abgängen erzählen, auf die ein stets vorhersehbarer, dann aber wundersam überraschender Neuauftritt folgt. Vielleicht sollten ästhetische Würdigungen weniger von Bowies Wandlungsfähigkeit als von seinem Talent zur Wiederkehr sprechen. Die Betonung permanenter Mutation verdeckt, wie sich jede weitere Ankunft Bowies als Comeback inszeniert: als das Zurückkommen

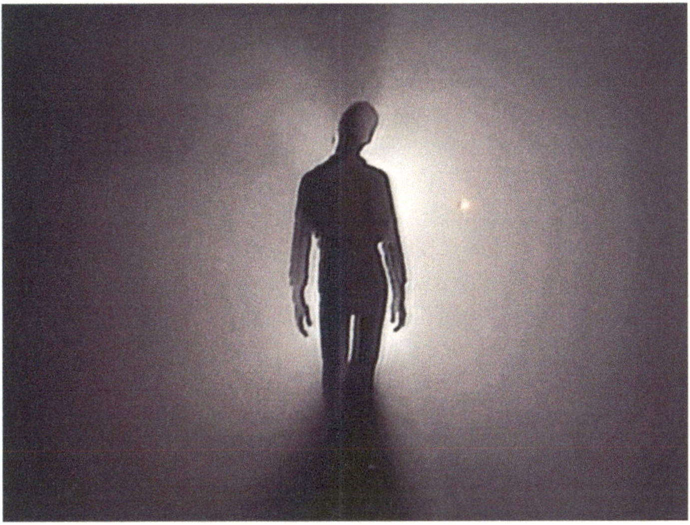

eines, der zwischenzeitlich anderswo war. Und weil das Anderswosein den Kern seiner Kunst ausmacht, beinhaltet jedes abermalige Auftauchen die Möglichkeit des abermaligen Verschwindens in eine echtere Welt.

Deshalb auch können neue Figuren wie Rückkehrer eintreffen: »The *return* of the Thin White Duke« lautet die erste Zeile von *Station to Station*, als ob dieser nächste Charakter nur vorübergehend verschollen war. In ähnlicher Weise drehen sich Bowies Körperinszenierungen häufig um den Wechsel von Sichtbarkeit und Unsichtbarkeit. In den Videos zu »Life on Mars?« und »Heroes« ist er so ausgeleuchtet, dass seine Konturen wiederholt mit der künstlichen Lichtwelt um ihn herum verschwimmen. Man ist sich nie ganz sicher: Wird man ihn gleich noch sehen oder schon nicht mehr? In eindrücklicher Weise definieren diese Darbietungen das Wiederauftauchen als den Normalzustand populärkultureller Anwesenheit.

Mit Bowie hat die Popkultur somit ihren vielleicht größten Theoretiker und Praktiker des Comebacks hervorgebracht. »The last show we'll ever do« war genau das (er trat nie wieder mit den Spiders auf) – und dann doch nicht (Ziggy kehrte in beständig neuen Abmischungen zurück). Mit der 1990er »Sound+Vision Tour« verabschiedete sich Bowie von seinen alten Hits – die hiernach in neuen, meist sehr gut gelaunten Versionen umso mehr verblüfften. Weitere Beispiele ließen sich nennen.

Dann aber kam der Moment, von einigen wohl schon lange befürchtet, an dem er, wie es schien, wirklich verschwand: Im Juni 2004 erlitt David Bowie während der »A Reality Tour« einen Herzinfarkt auf offener Bühne. Profaner können sich die biologischen Grenzen einer Ästhetik des Neuerscheinens kaum in Erinnerung rufen. Zwei Jahre später, nach einem brillanten Kurzauftritt als Nikola Tesla in Christopher Nolans Film *The Prestige* (*Prestige – Die Meister der Magie*), bei dem er allerdings schon recht angegriffen aussah, verließ Bowie die Popwelt offenbar endgültig – bis zum denkwürdigen Morgen des 8. Januar 2013.

Der Morgen seines 66. Geburtstags ist einer der erstaunlichsten und bewegendsten Momente in Bowies Karriere. Mich selbst erreichte »Where Are We Now?« wie viele, die sich an diesem Tag in ihre sozialen Netzwerke einloggten, komplett unvorbereitet. Eben noch hatte ich meiner Tochter das Frühstück zubereitet und sie zur Schule verabschiedet. Als ich danach auf den Computerbildschirm blickte, sah ich einen, den ich schon lange nicht mehr gesehen hatte – und an den ich wohl auch schon lange nicht mehr gedacht hatte. In sieben Jahren war Bowies Abwesenheit zu einer nüchternen Tatsache geworden, unaufregend wie die tägliche Wetterlage. Dass »Where Are We Now?« genauso daher kam – ankündigungslos und selbstverständlich –, verstärkte noch die Exzeptionalität dieses Momentes neuerlichen Erscheinens. Ich muss weit zurückdenken, um mich an ein ähnliches Gefühl von Ereignishaftigkeit beim ersten Hören eines Popsongs zu erinnern.

Eigentlich also eine echte »Starman«-Situation. Mit dem Unterschied allerdings, dass es in »Where Are We Now?« nicht um jugendliche Alternativwelten geht, sondern um die entfernte Erinnerung an sie, konkret: um Bowies Zeit in Berlin und deren geisterhaftes Überleben in einer irgendwie kälteren Gegenwart: »Sitting in the Dschungel / On Nürnberger Straße / A man lost in time / Near KaDeWe / Just walking the dead*.«

Berlin war »der letzte Ort, an dem Bowie jung war«, schreibt Chris O'Leary. Nun war es der erste Ort, an dem wir ihn wirklich alt sahen. Die Bilder des Videos schienen die schlimmsten Befürchtungen über Bowies Gesundheitszustand zu bestätigen. Zwar war sein Gesicht nicht gut zu erkennen, weil es auf einen Puppenkopf projiziert wurde (während im Hintergrund auf einer Leinwand Berliner Straßenszenen in Schwarzweiß liefen), aber was man sehen konnte, war besorgniserregend: verknautschte Gesichtszüge, graue Tränensäcke, rheumatisch schimmernde Augen und ein wie nach einem Schlaganfall verkrampfter Mund.

* »die Toten spazieren führen«

Bowies Stimme klang dünn und stellenweise müde; am Ende versuchte sie sich noch einmal am Steigerungspathos klassischer Songs wie »Heroes«, dies aber mit hörbar reduzierter Intensität. Während die Gitarrenlinie endlich aufstieg, um ein dramatisches Crescendo einzuleiten, verharrten Text und Gesang bei repetitiven Satzfragmenten. Der achtmal wiederholte hoffnungsvolle Einsatz »As long as there's ...« fand fünf Anschlussbegriffe und blieb doch unvollendet. Ein merkwürdig verminderter Höhepunkt: Fast meinte man, ein spätes Beckett-Stück zu sehen, in dem die Figuren auf Ewig die identischen Bewegungen ausführen, aber mit jeder Wiederholung kraftloser.

Die wachsende Anstrengung ungleicher Wiederholung: ein simpler Name hierfür ist Altern. Genau davon handelt »Where Are We Now?« Das jedoch, wie sich im Video rasch herausstellte, in bester Bowie-Manier: nicht als unverfälschter Ausdruck des Altseins, sondern als dessen Inszenierung, unter kunstvoller Nutzung aller sich bietenden physischen Realitäten. Schon die lyrische Gestaltung des Songs weist darauf hin. Im Einsatz repetitiver Strukturen ist der Text von »Where Are We Now?« deutlich dem Text von »Heroes« nachempfunden. Wo allerdings die auffälligen Wortwiederholungen von »Heroes« einen abgedunkelten Showtunes-Effekt entfalteten, der laut David Buckley auf die großen Entertainmentballaden Shirley Basseys verweist (»I, I will be king«; »you, you will be queen«; »you, you can be mean«; »I, I'll drink all the time«, »like dolphins, like dolphins can swim«), da finden sich in »Where Are We Now?« semantische Stockungen in solcher Häufung – der Liedtext besteht zu weiten Teilen aus verdoppelten Wortfolgen, Anaphern und identischen Reimen –, dass sich ein gänzlich aphasischer Eindruck einstellt. Es scheint, als müsse der Sänger die immer gleichen Begriffe für immer neue Beschreibungen nutzen (»You never knew that / That I could

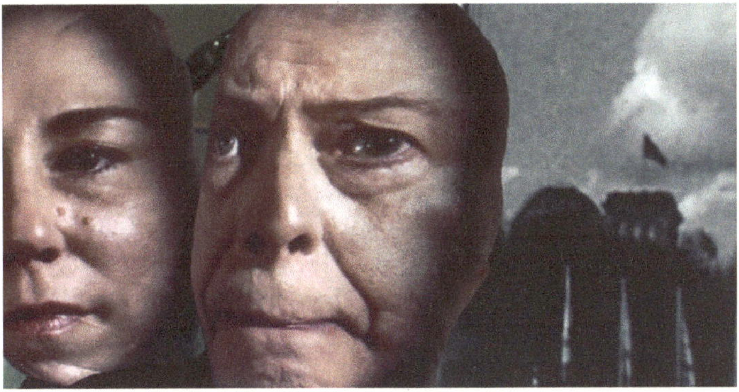

Szene aus dem Musikvideo *Where Are We Now?*

do that«; »Cross Bösebrücke / Fingers are crossed«), bis nur noch einfachste Worte zur Verfügung stehen (»sun«, »sun«, »rain«, »rain«, »fire«, »fire«, »me«, »you«). In Verbindung mit Bowies schrägen Mundwinkeln, den unwillkürlich zusammengepressten Lippen, dem umklammerten rechten Arm und überhaupt der ganzen traurigen Gestik des Puppenkopfes entsteht ein Bild irreversibler Erkrankung, das aber gerade aufgrund seiner kontrollierten – seiner ausgestellten – Bildhaftigkeit zur Bewunderung aufruft.

Tony Ourslers Video macht das in zwei Szenen deutlich, die die Illusion des kranken Körpers kurz durchbrechen: der Augenblick, in dem sich Bowie vom Projektionsausschnitt des Puppenkopfes wegbewegt, so dass wir sein Gesicht für eine Sekunde unverzerrt sehen (er schaut uns jetzt direkt in die Augen), und der Moment gegen Ende des Films, in dem er erstmals mit ganzem Körper sichtbar ist, in T-Shirt und Jeans gekleidet, an eine Wand von Ourslers Studio gelehnt, misstrauisch etwas außerhalb des Bildes betrachtend, möglicherweise sein eigenes Porträt des Künstlers als alter Mann. (Sind die Notizen, die er in der Hand hält, das Drehbuch zu dem Video, das wir sehen?) In beiden Szenen erblicken wir einen zwar merklich gealterten, doch anscheinend gesunden, ja vitalen Bowie (mit vollem dunklem Haar), der seine fortgesetzte Fähigkeit zur Selbstmodulation – in einem von Material überfließenden Atelier! – präsentiert. Man darf erleichtert aufatmen. In ähnlicher Weise offenbart auch der stagnierende Sprachfluss des Songs schließlich seine eigene beeindruckende Schönheit: Die Zeile »the moment you know you know you know« erscheint – in dieser Aufführung, zu diesem Zeitpunkt in Bowies Karriere – als eine der tiefsten und kunstfertigsten, die er je geschrieben hat.

Im Anschluss an die Veröffentlichung von »Where Are We Now?« intensivierte eine geschickt orchestrierte Social-Media-Kampagne diesen Enthüllungseffekt. Mit jedem weiteren Bild und jedem weiteren Lied, das zur Ankündigung des neuen Albums *The Next Day* erschien, wurde Bowie jünger, schöner, präsenter, bis er in den Videos zu »The Stars (Are Out Tonight)«, »The Next Day« und »Valentine's Day« als beweglicher und ausdrucksstarker Popstar im fortgeschrittenen Alter zu bestaunen war. Das Album selbst stellte sich dann als relativ lärmige Affäre heraus, stilistisch vielfältig, aber in fast allen Songs weit entfernt von der kargen Melancholie der ersten Single: das Ganze ein Alterswerk, das sich als solches nur getarnt hatte.

Dennoch blieben die in »Where Are We Now?« gezeigten Alterserscheinungen in fast allen Videos und vielen Liedern erhalten, bisweilen ausdrücklich zur Schau gestellt (vor allem im ersten von zwei Clips zu »Love Is Lost«, von Bowie selbst

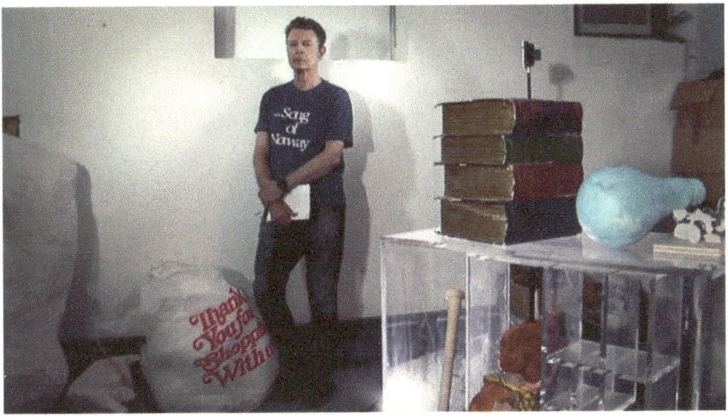

Szene aus dem Musikvideo *Where Are We Now?*

gedreht). Noch deutlicher war das bei *Blackstar* (2016) der Fall, dem letzten Album David Bowies, das zwei Tage vor seinem Tod veröffentlicht wurde. Das Video zum Song »Lazarus« zeigte ihn da schon gekrümmt auf dem Sterbebett. Noch einmal erhob er sich für einen letzten Tanz und für letzte Notizen, bevor sein zitternder Körper rückwärts hinein in einen alten, dunklen Kleiderschrank abtrat. Diesmal wirklich unwiederkehrlich.

Natürlich hatte es Bowie schon immer verstanden, physische Makel und Störungen mit einem Flair von Extravaganz auszustatten. Mit *The Next Day* richtete er diese Begabung auf das eigene Alter und mit *Blackstar* auf die eigene Krankheit, die er jeweils wie einzigartige körperliche Besonderheiten behandelte, aus denen sich vielleicht stilistischer Gewinn schlagen ließ wie aus einem lädierten Auge nach jugendlichem Faustkampf mit dem besten Freund. In der Popkultur ist das eine einigermaßen ungewöhnliche Haltung. Zugleich lässt sie erkennen, dass Bowie das Alter auf *The Next Day* nicht einfach »nur spielt«, sondern mit dem eigenen Alter – und auf *Blackstar* mit dem eigenen Sterben – ein profitables Spiel treibt. Was Bowie angeht, ist jede Kunst Körperkunst.

Für eine Ästhetik des Neuauftauchens ist das tröstlich und riskant zugleich. Sicher findet sich im Akt unvermittelten Hervortretens ein Motiv des Göttlichen (und in Bowies Bevorzugung des Erscheinens vor dem Agieren ein Aspekt der Selbstfeminisierung). Aber Transzendenz ist bei Bowie letztlich nur als Effekt eines irdischen Vermittlungszusammenhangs denkbar, also ausdrücklich auf Körper und Objekte angewiesen. Der ersehnten Alterslosigkeit sind damit handgreifliche Darstellungsgrenzen gesetzt, deutlicher noch als der ersehnten Geschlechtslosigkeit. In einer vom Pop geprägten Welt haben das Stars wie Marilyn Monroe und Michael Jackson am eigenen Leib erfahren. Nicht von ungefähr war das Nicht-mehr-jung-Sein ein Kernthema dieser großen Körperkünstler – und auch Bowies Ästhetik ist hiervon förmlich besessen.

»We live for just these twenty years / Do we have to die for the fifty more?« fragte schon »Young Americans«. Bowies Altersinszenierungen waren dann spätestens seit seiner Rolle als Vampir John Blaylock im unterschätzten Film *The Hunger* (*Begierde*, 1983) von einer vielsagenden Ambivalenz geprägt, die im dargestellten Körper stets den aktuellen Körper sichtbar werden ließ (ähnlich wie die Dragkostüme, die zugleich seine Männlichkeit betonten, oder wie die Interpretation des Elefantenmenschen in perfekter Nacktheit). Aging als Bühne großer Theateremotionen: In *The Hunger* überfällt Blaylock das Alter wie ein Schnupfen, der seinen Körper dann aber blitzschnell dahinrafft. In der kurzen Wartezeit im ärztlichen Vorzimmer verwandelt sich Bowie vor unseren Augen vom aristokratischen Lover zum todgeweihten Greis. »And I'm gone gone gone / And I'm older than movies«, singt er in »Dead Man Walking« (*Earthling*), einem der ersten Songs, der sich ausschließlich mit dem Älterwerden befasst und dessen Titel in allen Strophenschlüssen von »Where Are We Now?« anzitiert wird: »just walking the dead.«

Ähnlich doppelbödig verfährt 1999 das Album *'hours ...'*, dessen Songs je nach Blickwinkel einen Künstler in seiner Midlife-Crisis oder eine kunstvolle Darbietung verlorener Jugend zeigen. (Das Cover der Platte ist ein verfremdetes Andachtsbild, auf dem ein feminin anmutender Bowie mit langem Haar sich selbst als bärtigen, gealterten Leichnam im Schoß hält.) Vor allem das großartige Video zu »Thursday's Child« dient dabei als wichtiger Ausgangstext für alle weiteren Altersdarstellungen Bowies, bis hin zu »Where Are We Now?« und »Love Is Lost«. Wir sehen Szenen einer Ehe: Bowie steht als Mann mittleren Alters mit seiner Frau im Badezimmer. Wortlos verrichten die beiden ihre Abendtoilette, wechseln Blicke nur über den Spiegel. In Beleuchtung und Akustik – ein leichtes Dröhnen im Hintergrund, das erst vom Einsatz der Musik überdeckt wird – erinnert das Ambiente überdeutlich an das fensterarme, spärlich erhellte, aber sorgsam eingerichtete Zuhause des Ehepaares aus David Lynchs *Lost Highway*. Genau wie Lynchs Film zeigt auch »Thursday's Child« eine Doppelgänger- und Verwandlungsgeschichte: Plötzlich sieht Bowie sich selbst und seine Frau im Spiegel als junge Erwachsene. Das Mädchen, das er heiraten wird, beugt sich zu ihm vor, lächelt ihn offen an – während seine reale Frau die Gedankenverlorenheit des Mannes mit skeptischem Seitenblick quittiert und kommentarlos seinen laufenden Wasserhahn zudreht. Verschwendung findet trotzdem statt: Die Kamera umkreist Bowie so lange, bis sich die Blickachsen verschieben und die junge Geliebte neben ihm steht. Sie tauschen einen scheuen Kuss aus.

Eine solch fantastische Berührung mit der eigenen Jugend gibt es in »Where Are We Now?« nicht mehr. Zwar ist Bowie auch hier nicht allein; eine zweite Puppe sitzt neben ihm, ihr Gesicht erinnert an die Geliebte aus »Thursday's Child«. Aber die beiden können einander nicht anschauen, bleiben in getrennten Projektionsausschnitten gefangen. Auch das ist eine Weiterentwicklung von »Heroes«. Ging es dort um die Vergänglichkeit der Jugend und ihrer Liebesmomente – »just for one day!« –, wird hier gefragt, was nach dem Vergehen kommt, am nächsten Tag. Die Antwort lautet: weitere Aufführungen einer möglichen Präsenz, vielleicht müder, immer etwas trauriger, aber für eine Weile gut sichtbar und hörbar.

Doch das ist nicht alles: Die für Bowie typische Reflexivität der Produktion verpflichtet auch seine Technologien der Alterslosigkeit auf paradoxe Ergebnisse. So zeigt sich der betagte Bowie zwar gerne so, als ob sein Alter ein Filmtrick wäre, während seine vergangenen Ichs meist von echten Schauspielern dargestellt werden. Aber dabei machen ausgerechnet seine Altersverkleidungen (als Vampir, Theatermaske oder Stoffkopf) einen zutiefst menschlichen, also selbstverlorenen Eindruck, während die realmenschlich verkörperten jugendlichen Doubles in »Thursday's Child«, der Vittel-Werbung (in der das Lied »Never Get Old« vom Album *Reality* läuft) und »The Stars (Are Out Tonight)« durchweg maskenhaft und trügerisch wirken, surreal bis an die Grenze zur Unheimlichkeit. Offenbar wird hier nicht einfach der Verlust einer Wirklichkeit betrauert. Eher schon spiegelt sich eine Inszenierung in ihren selbstgeschaffenen Realitäten.

Wie man weiß, besteht einer der alltäglichsten Schocks medialer Existenz im (fotografischen, akustischen, schriftlichen) Wieder-jung-Sein, ohne körperlich wirklich wieder jung zu sein. Auf dem vielleicht ergreifendsten Song aus dem Umfeld von *The Next Day*, »Love Is Lost (Hello Steve Reich Remix)«, singt Bowie mit stellenweise brüchiger Stimme, in der gleichwohl das drängende jugendliche Pathos von »Five Years« anwesend ist:

> It's the darkest hour, you're twenty two
> The voice of youth, the hour of dread
> The darkest hour, and your voice is new
> Love is lost, lost is love
> ...
> Wave goodbye to the life without pain
> ...
> Oh, what have you done?
> Oh, what have you done?

So lange es Regen, Sonne, dich und mich gibt, wird jeder noch so rettungslose Auftritt den Beweis seines eigenen Lebendigseins liefern. Wer möchte nicht glauben, dass ein Wiederauftauchen die Chance bleibender Anwesenheit bringt? Wer würde in »Where Are We Now?« nicht gern das Comeback eines alten Mannes sehen, der eigentlich gar kein alter Mann ist, sondern nur etwas länger weg war? Nichts anderes heißt Schreiben, Filmen, Aufzeichnen. Es ist wie bei allen, die in Bildern und Tönen leben: Sie könnten genauso gut vom Mars stammen, unserer heimlichen Heimat. »The Stars (Are Out

Tonight)« wünscht sich für diese außerirdischen Menschenkörper Unmögliches: »I hope they live forever.« Und nach *The Next Day* heißt das Folgeprojekt *Lazarus*. Als ich diesen Text im Herbst 2015 meinte zu Ende geschrieben zu haben, lautete der letzte Satz: Wird man irgendwann im Internet lesen, David Bowie sei nun doch gestorben – man wird es kommen gesehen haben und trotzdem nicht ganz glauben.

»Never mind, say something«: Outro

Dieses Buch ist ein Mix. Es besteht aus Notizen, Zitaten, Improvisationen und Sätzen, die ich über viele Jahre hinweg zu David Bowie gesammelt habe. Einiges Material reicht weit zurück, anderes ist so gegenwärtig, dass ich nicht weiß, ob es mir nicht bald schon wieder suspekt sein wird. Arrangement und Abmischung erfolgten von September bis November 2015 in den Candy Box Candy Studios by the Ringbahn, Berlin. Ich habe die Möglichkeit von Fußnoten jederzeit vermisst. Eine Liste der eingeflossenen Artikel, Filme, Bücher, Postings und Gespräche über Bowie würde den sportlichen Rahmen einer Hundertseitenvorgabe sprengen. Folgende Texte haben mich in der heißen Phase der Abfassung besonders eng begleitet: Buckleys *Strange Fascination*, O'Learys *Rebel Rebel* und sein Blog »Pushing Ahead of the Dame«, Thomson und Gutmans *The Bowie Companion*, Wilckens *Low*, der Sammelband *Enchanting David Bowie*, die Bowie-Ausgabe der Zeitschrift *du* sowie der Ausstellungskatalog *David Bowie Is*. Alte und junge Freundschaften sind im Text präsent, mal als unsichtbare Beiträger, mal als geheime Adressaten einzelner Gedanken, Sätze und Worte. Ich nenne einige: Heinrich Detering, Markus Engelhardt, Bettina Hanstein, Oliver Hottong, Anja Johannsen, Elke Klein, Thomas Lothschütz, Martin Maurer, Christoph Ribbat und vor allem Susanne Krugmann.

Dieses Buch ist eine Sammlung. Gewidmet ist es meiner Tochter, der unvergleichlichen Antonia Krugmann.

some are winter sun, ah